漢字川柳

五七五で漢字を詠む

長崎あづま

創社

──本書を誰よりも親愛なるY（わい）に捧げる

本書を読む前に

漢字をさまざまに分解した後、それを筆順を基本に「五七五」の川柳仕立てにて詠むことを試みた。上の句に筆順、中の句に訓、下の句に音と熟語を配するのを旨とする。例えば、「患」は「口」と「中」と「心」からできている。そこで、「口の中 心患う 者患者……病は気から」と詠んでみた。

漢字は「形・音・義」の三要素からなるが、この句には形（筆順）と音（音訓）と義（意味）が無理なくおさまっている。しかも漢字「患」の勘所、串にさされて痛む心の状態がきちんと押さえられ、ひとつのドラマになっている。

本書には簡単なルールがある。次頁の句で説明しよう。「ころ○○」の「○」の白マルは部首の名前、「ころもへん」の略である。句の左側には、その部首〔衤〕が置かれる。部首の〔へ〕〔ひとがしら〕はひとつである。部首の〔衤〕（ふるとり）は単にとりとした場合が多い。部首の〔隹〕（ふるとり）は単にとりとした場合が多い。

もし、黒マル（●●●）であれば部首の意味（例えば「あたま」は部首〔頁〕おおがい）か、書き順（例えば「くのいち」は部首〔女〕おんなへん）を示している。

句の「刀」の左側に置かれた初は、見出し漢字「初」の筆順がそこで終わることを示す。部首「ころも」と漢字「刀」で「初」ができるわけである。この句にはないが、「カタカナ」と、「ひらがな」く・ひ・て・し・せも筆順を示す。

初 [ネ] 4 2

ころもぬぎ [ネ] 刀初めて いれる初夜……出初め式
かたな はじ ショヤ でぞめしき

見出し漢字「初」の上の4は「学年別」（一〇〇六字）の漢字で、この漢字は小学校四年で習うことを示す（1～6もこれに準ずる）。無印は「常用漢字」（二一三六字）。もしそこに「外」とあれば「常用漢字」以外の漢字である。

句の終わりからのびる点線の下にある言葉「……出初め式」は、川柳の前句付ならぬ後句付（?）といったところであるが、句の理解を助けるためのものである。句におさまらなかった見出し漢字の読み方とか、句の主人公を表す。川柳が小さなドラマである以上、そこに主人公がいるのは当然のことであろう。

句の中に主人公が隠れているばあいもある。その時は、ひきずり出して読んで欲しい。「ころもぬぎ」の句でいえば、「ころも」を脱ぐ人を男性と考えれば主人公は「新郎」である

が、もし、女性を想定すれば「新婦」が登場し、句はより生き生きとしたものになる。そうなれば、点線の下の言葉「出初め式」も新たな意味を帯びるだろう。

その他、説明を加えなければならない細かいルールがないわけではないが、読んでいて特に理解に苦しむことはないはずである。漢和辞典を手許に置けば楽しさも倍増しよう。むしろ、少なからぬ駄作——馬くない一人がてんの駄作なり——が読者諸兄の貴重な時間を奪うのではないかと心配である。

その際は逡巡することなく句を棄て去り、是非とも、自らの「漢字川柳」に挑んで欲しい。その漢字は、その川柳とともに生涯忘れ得ぬ宝となるはずであるから……。

二〇一七年一〇月

長崎　あづま

【目次】

はじめに i

見出し漢字 iv

主な部首の名称 x

漢字川柳 1

総画索引 322

見出し漢字

常用漢字を中心に「一四五二字」を音順・画数順にならべた。ただし、漢字の上に「ひらがな」のつく漢字は訓読み、＊のつく漢字は見出し漢字ではないが本文中にある。

ア行

	ア	亜	哀	挨	愛	隘	握	闇	餡	【イ】	位	依	易	威
		1	1	2	2	2	2	308	2		3	3	3	4
よみ		ア	アイ	アイ	あい		アク	アン		イ				

胃	為	尉	偉	萎	彙	違	維	遺	慰	緯	縊	芋	育	壱	逸	溢
4	4	4	4	308	308	5	5	5	5	308	6	6	6	6	7
	イ					イ行					イク	イチ	イツ		

姻	淫	陰	隠	韻	【ウ】	右	鰻	噂	鬱	【エ】	餌	英	映	詠	影	鋭
7	309	7	7	8		8	8	9	9		9	9	9	10	10	10
イン					ウ	う行	ウツ	え行	エイ						

疫	液	駅	悦	越	謁	閲	延	炎	怨	冤	宴	焉	媛	援	猿	遠
10	222	10	11	11	11	11	11	12	309	54	12	312	12	13	13
エキ		エツ			エン									

汚	俺	虞	卸	凹	押	欧	殴	桜	櫻＊	翁	奥	【オ】	艶	縁	鉛	煙
14	309	14	14	15	15	15	15	74	16	16		14	14	14	13
オ				お行				オウ						

億	憶	臆	乙	温	穏		カ行	【カ】	花	佳	架	夏	荷	華	菓	訛
16	17	17	17	17				18	18	18	18	18	19	19
オク			オツ	オン			カ	か行							

渦	嫁	暇	禍	靴	寡	箇	稼	刈	且	蚊	掛	垣	潟	鎌	雅＊	餓
19	20	20	20	20	20	21	21	21	21	22	22	22	313	22	23
ガ														

介	会	快	戒	改	乖	怪	拐	悔	皆	塊	潰	壊	懐	亥	劾	崖＊
23	23	24	24	24	24	24	24	25	25	313	25	25	26	26	26
カイ														ガイ＊

涯	慨	該	蓋	概	拡	郭	殻	隔	較	獲	嚇	穫	岳	楽	顎
26	26	309	26	27	27	27	28	28	28	28	29	29	29	310
					カク									ガク

括	喝	渇	滑	褐	轄	甘	汗	缶	肝	冠	姦	看	竿	陥	乾	勘
29	30	30	30	30	30	31	31	31	31	310	32	32	32	32	33
カツ					カン										

患	貫	喚	堪	寒	換	敢	棺	款	閑	勧	寛	幹	漢	慣	管	歓
33	33	33	34	34	34	34	34	34	34	35	35	35	36	36	36

監	緩	憾	還	環	観	灌	艦	鑑	含	眼	頑	癌	【キ】	己	企	危
36	36	37	37	37	37	38	38	38	38	39	39		39	39	40
									ガン			キ			

v　見出し漢字

岐　忌　奇　祈　軌　冠*　帰　既　飢　鬼　基　喜　亀*　幾　棋　貴　棄　毀　旗　輝　畿　機
40　40　40　40　41　242　41　41　41　41　42　42　314　42　42　42　43　310　43　43　310　43

騎　宜　偽　欺　義*　疑　儀　戯　擬　犠　議　菊　吉　喫　詰　却（キャク）　脚（キャク）　逆（ギャク）　虐　及　丘　吸（キュウ）
43　43　44　44　45　45　45　45　45　45　45　46　46　46　46　47　47　47　47　48　48　48
（キク）（キチ）（キツ）　（ギ）

朽　泣　糾　救　嗅　窮　牛（ギュウ）　巨　居　拒　拠　挙　虚　許　距　魚（ギョ）　御　凶　叫　狂　享　京（キョウ）
48　49　49　49　49　49　310　50　50　50　50　51　51　51　51　51　52　52　52　52　53　53

況　峡　挟　狭　矜　恐　恭　脅　強　教　矯　競　響　驚　仰（ギョウ）　暁　業　餃*　凝　斤　菌　琴（キン）
53　53　53　54　54　54　54　54　55　55　55　55　56　56　56　57　319　57　57　58　58

僅*　緊　錦　謹　襟　吟　銀（ギン）　【ク】　駆（ク）　繰（く行）　踵　窪　熊　具　愚　偶　遇　隅　屈　掘　窟*　勲（クン）
314　58　311　58　58　59　59　　　59　　　60　60　60　60　61　61　61　61　62　62　315　62
（クツ）　　（グウ）　（グ）

薫　群　【ケ】　刑（ケイ）　茎　契　恵　啓　掲　渓　蛍　敬　傾　携　詣　継　慶　憩　稽　警　鶏　迎（ゲイ）
62　62　　　63　63　63　63　64　64　64　64　64　65　65　311　65　65　65　65　66　66　66

鯨　隙*　撃（ゲキ）　激　決　結　傑*　潔（ケツ）　肩　倹　剣　兼　拳　軒　険　牽　喧　圏　堅　検　嫌　遣（ケン）
67　315　67　67　67　67　136　67　68　68　68　68　69　69　69　70　70　70　70　70　70　71

献　賢　謙　繭　顕　験　懸　幻　玄　弦　限　現　減　厳（ゲン）　【コ】　股　怙*　虎　孤　弧　枯　雇（コ）
71　71　71　71　71　72　72　72　72　73　73　73　73　　　3　74　294　75　75　75　75

誇　鼓　顧　込　乞　午　互　呉　娯　悟　碁　語　誤　護（ゴ）　孔　功　巧　甲　交　光　江　考（コウ）
75　75　76　311　76　76　76　77　77　77　77　78　78　78　78　79　79　79　79　79　79　80
　　　　　　　（こ行）

更　坑　孝　抗　攻　効　幸　拘　肯　肴　侯　恒　洪　荒　郊　香　候　貢　控　喉　慌　港
80　80　80　80　81　81　81　81　82　82　82　82　82　83　83　83　83　83　83　84　84　84

硬　絞　項　溝　構　綱　酵　稿　衡　鋼　講　購　拷　剛　傲　豪（ゴウ）　克　刻　穀　酷（コク）　獄（ゴク）　惚（コツ）
84　84　85　85　85　85　85　85　86　86　86　86　87　87　87　87　88　88　88　88　89　89

昏　昆　恨　根　婚　混　痕　梱　紺　魂　墾　懇　勤　行　【サ】　左*　佐　茶　査　唆　詐
89　89　89　90　91　311　91　91　91　91　91　91　　　8　92　92　92　92　93　93
（コン）　　　　　　　　　（ゴン）　（サ）　　（サ）

ザイ																サイ	ザ		さ行		
剤	際	載	歳	催	債	裁	斎	祭	採	彩	財	栽	宰	砕	妻	災	座	櫻*	崎	咲	鎖
97	97	97	96	96	96	96	96	95	95	95	95	95	94	94	94	94	93	74	93	93	93

						サン	ザツ				サツ							サク			
賛	算	散	傘	産	惨	蚕	桟	雑	擦	撮	察	拶*	刷	札	錯	搾	酢	索	朔	削	罪
102	102	102	102	102	101	101	101	101	100	100	100	2	100	99	99	98	98	98	98	98	97

														【シ】					ザン		
嗜	嗣	紫	脂	恣	施	屍	姿	祉	枝	肢	始	刺	伺	旨	司		竄	暫	斬	残	餐
107	107	107	106	311	106	106	106	105	105	105	105	104	104	104	104		103	103	103	103	103

	シツ	ジク									ジ									シ行	
執	疾	叱	軸	璽	磁	辞	慈	滋	痔	時	峙	侍	似	尻*	虱	芝	諮	賜	摯	誌	雌
112	111	111	111	110	110	110	110	109	109	109	316	109	108	313	108	108	108	108	312	108	107

			シャク		ジャ										シャ		
釈	酌	借	尺	勺	蛇	邪	謝	遮	煮	奢	斜	赦	捨	射	灸	車	質	膝	漆	嫉	湿
117	116	116	116	116	115	115	115	115	115	114	114	114	114	114	312	113	113	113	113	112	112	112

									ジュ					シュ	ジャク		
就	羞	臭	拾	秀	舟	囚	儒	需	受	呪	壽	寿	趣	腫	珠	殊	首	狩	朱	寂	爵
121	312	121	121	121	120	120	120	120	120	119	119	119	119	118	118	118	118	117	117	117	117

ジュン	シュン		ジュク						シュク							ジュウ					
巡	瞬	俊	熟	塾	淑	粛	祝	叔	蹴	獣	銃	渋	従	柔	充	汁	襲	蹴	醜	酬	愁
126	126	126	125	125	125	125	125	124	124	124	124	123	123	123	123	123	122	312	122	122	122

ショウ										ショ											
召	升	除	徐	叙	助	如	諸	緒	署	暑	庶	初	処	遵	潤	循	純	殉	准	盾	旬
131	131	132	131	130	130	130	130	129	129	129	129	128	128	128	127	127	127	127	127	127	126

訟	紹	渉	娼	唱	笑	称	症	祥	将	宵	省	松	昇	沼	尚	妾	承	肖	抄	床	匠
136	136	135	135	135	135	135	134	134	134	134	134	134	133	133	133	133	133	132	132	132	132

ジョウ																			
冗	丈	鐘	礁	償	賞	衝	憔	障	彰	嘗	頌	詳	奨	詔	装	粧	硝	焦	晶	掌	勝
141	140	140	140	140	139	139	139	139	138	138	138	138	138	137	137	137	137	137	136	136	136

	シン	ジョク							ショク												
呻	辛	伸	辱	贖	織	嘱	飾	触	殖	食	醸	譲	錠	嬢	壌	縄	蒸	畳	場	剰	浄
146	145	145	145	144	144	144	144	144	143	143	143	143	143	142	142	142	142	142	141	141	141

						ジン														
尋	陣	甚	迅	盡*	尽	刃	薪	震	箴	審	慎	寝	診	紳	浸	振	娠	唇	真	津	侵
150	150	150	150	270	149	149	149	149	148	148	148	148	147	147	147	147	147	146	146	146	146

見出し漢字

スウ	ズイ										スイ	ズ			すｲ行		セ行	
崇	枢	髄	随	錘	穂	睡	遂	酔	衰	粋	帥	炊	垂	吹	豆	鮨	杉	据	【ス】	靭	腎*
155	155	154	154	154	154	154	153	153	153	153	153	152	152	152	152	151	151	151	151	150	316

	セキ	ゼイ											セイ	ゼ		せ行	
昔	斥	贅	整	請	誓	聖	勢	婿	逝	凄	牲	斉	青	征	姓	井	是	瀬	畝	【セ】	数
160	159	159	158	158	158	313	158	158	157	157	157	157	157	156	156	156	155				155

												セン		セツ					
栓	扇	染	浅	専	占	仙	説	節	摂	接	窃	拙	籍	碩	跡	戚	惜	隻	脊	席	析
164	164	164	163	163	163	163	162	162	162	162	162	162	161	161	161	313	160	160	313	160	160

				ゼン													*		
繕	膳	漸	禅	喘	善	涎	籤	鮮	繊	薦	線	遷	選	潜	銑	銭	箋	践	腺	羨	旋
167	317	167	167	167	167	314	314	166	166	166	165	165	165	165	313	164	317	313	164

										ソウ									
掃	爽	桑	挿	捜	荘	奏	壮	双	蘇	遡	礎	塑	訴	疎	粗	措	租	祖	阻	狙	【ソ】
172	172	171	171	171	171	171	170	170	170	314	169	169	169	169	168	168	168

	ゾウ																		
蔵	憎	増	象	藻	騒	霜	燥	操	瘦	槽	聡	総	遭	漱	漕	搔	僧	葬	喪	窓	曹
176	176	176	176	175	175	175	175	175	174	174	174	174	173	173	173	173	173	172	314

タ行		ソン	ソツ		ソク						*			ソク		
	遜	損	尊	孫	存	率	卒	賊	族	俗	塞	測	側	息	速	捉	促	束	即	贈
	314	180	180	180	180	180	179	179	179	179	178	178	178	178	178	318	177	177	177	177

						タイ				ダ			た行	タ	【タ】
戴	滞	貸	替	隊	袋	逮	泰	耐	胎	怠	待	駄	楕	惰	堕	妥	棚	但	滝	多
315	185	184	184	184	184	184	183	183	183	183	183	182	182	182	182	181	181	181	263

ダン						タン	ダン		ダク				タク		ダイ
断	鍛	誕	綻	端	嘆	短	淡	胆	丹	奪	脱	濁	諾	濯	託	拓	卓	沢	択	第	弟
190	189	189	315	189	189	188	188	188	188	187	187	187	187	186	186	186	186	186	185	185	185

			チャク			チツ			チク					チ		
抽	沖	嫡	蟄	膣	窒	秩	蓄	畜	逐	緻	稚	置	痴	遅	致	恥	【チ】	壇	談*	暖	弾
194	193	193	193	315	193	192	192	192	192	315	191	169	191	191	191	190	141	190	190

チン	チョク								*						チョウ	
沈	勅	懲	聴	澄	嘲	徴	跳	腸	超	貼	脹	釣	眺	彫	帳	挑	弔	駐	鋳	紐	衷
199	198	198	198	198	198	197	197	197	197	318	196	196	196	196	195	195	195	194	194	194

					テイ			ツイ	ツ	つ行				ツ
訂	帝	貞	剃	亭	邸	抵	廷	呈	【テ】	痛	墜	壺	燕	坪	潰	塚	【ツ】	鎮	陳	朕	珍
203	203	203	202	202	202	202	202	201		201	201	201	200	200	200	200		199	199	199	199

				テン				テツ	デキ			テキ	ディ				
填	転	添	点	撤	徹	鉄	哲	迭	溺	敵	適	滴	摘	笛	泥	締	艇	提	堤	偵	逓
315	208	208	207	207	207	207	207	206	206	206	206	205	205	205	205	204	204	204	203	203

(approximate — full table above)

							トウ			ド	と行						ト	デン
桃	透	唐	凍	倒	逃	到	怒	努	奴	升	峠	賭	塗	渡	途	徒	妬	吐	斗	【ト】	殿
212	212	212	212	211	211	211	211	210	210	316	210	210	209	209	209	209	316	209	208		208

| | | トク | | | ドウ | | | | | | | | | | | | | | | |
| 匿 | 禿 | 憧 | 導 | 胴 | 洞 | 騰 | 闘 | 謄 | 蕩 | 踏 | 稲 | 筒 | 痘 | 棟 | 湯 | 搭 | 塔 | 盗 | 陶 | 悼 | 疼 |

| ニュウ | ニ | | | ナン | | 【ナ | ナ行】 | | | | ドン | | トン | | トツ | | ドク | | | |
| 乳 | 弐 | 尼 | | 難 | 軟 | | | 曇 | 鈍 | 貪 | 頓 | 豚 | 屯 | 突 | 凸 | 独 | 毒 | 篤 | 督 | 得 |

| は行 | ハ | | 【ハ | ハ行】 | | ノウ | | | ネン | ネツ | ネイ | ね行 | | 【ネ】 | | | ニン | ニョウ |
| 箱 | 覇 | 把 | | | 濃 | 脳 | 納 | 能 | 悩 | 【ノ】 | 粘 | 熱 | 寧 | 佞 | 鼠 | 【ネ】 | 認 | 忍 | 妊 | 尿 |

| | | | | バク | | | | | | | | | ハイ | | | バ | |
| 泊 | 拍 | 伯 | 薄 | 賠 | 煤 | 媒 | 陪 | 培 | 梅 | 倍 | 輩 | 廃 | 敗 | 排 | 配 | 杯 | 拝 | 罵 | 婆 | 薔 | 肌 |

| | | | | | | | | バツ | ハツ | ハチ | | バク | | | | | | |
| 販 | 般 | 畔 | 坂 | 伴 | 帆 | 犯 | 閥 | 罰 | 抜 | 伐 | 髪 | 鉢 | 爆 | 縛 | 暴 | 漠 | 薄 | 博 | 舶 | 剝 | 迫 |

| | | | | | | | | | | | ヒ | バン | | | | | |
| 罷 | 碑 | 費 | 扉 | 被 | 秘 | 疲 | 卑 | 肥 | 泌 | 披 | 彼 | 妃 | 【ヒ】 | 盤 | 蛮 | 藩 | 繁 | 範 | 頒 | 煩 | 搬 |

| | | | | | | ビョウ | ビョウ | ヒイ | ヒツ | | | | | | ビ | ひ行 | |
| 頻 | 賓 | 貧 | 浜 | 猫 | 描 | 病 | 苗 | 憑 | 漂 | 贔 | 必 | 匹 | 鼻 | 微 | 媚 | 備 | 美 | 眉 | 尾 | 姫 | 避 |

| フ | フウ | ブ | | | | | | | | | | | | | フ | | ビン |
| 伏 | 封 | 舞 | 侮 | 譜 | 賦 | 膚 | 敷 | 腐 | 普 | 符 | 婦 | 釜 | 浮 | 赴 | 負 | 附 | 怖 | 扶 | 【フ】 | 瓶 | 敏 |

| | | | | | ヘイ | | 【ヘ】 | | | | | | | | フン | フツ | |
| 弊 | 幣 | 塀 | 陛 | 柄 | 並 | 併 | 丙 | | 糞 | 奮 | 憤 | 墳 | 噴 | 雰 | 紛 | 粉 | 沸 | 払 | 覆 | 幅 | 服 |

| | ボ | ほ行 | | | | ホ | | | | | | ベン | ヘン | ベツ | | ヘキ | |
| 墓 | 募 | 頰 | 堀 | 舗 | 補 | 浦 | 捕 | 哺 | 【ホ】 | 鞭 | 娩 | 勉 | 便 | 弁 | 遍 | 偏 | 蔑 | 癖 | 璧 | 壁 | 蔽 |

忙	乏	亡	縫	褒	飽	崩	砲	峰	俸	倣	胞	放	泡	抱	奉	邦	芳	簿	模	暮	慕
263	262	262	262	262	261	261	261	261	261	261	260	260	260	258	260	259	259	259	259	258	258

ボウ (above 亡)　ホウ (above 邦)

墨	僕	睦	朴	謗	謀	膨	貌	棒	帽	傍	望	紡	剖	冒	某	肪	房	忘	防	妨	坊
267	267	318	267	266	266	266	318	266	266	265	265	265	265	264	264	264	264	263	263	263	263

ボク (above 睦)

慢	抹	膜	幕	埋	枚	儘	又	魔	磨	摩	麻	【マ】	マ行	盆	凡	翻	奔	勃	没	撲
271	271	271	271	270	270	270	270	269	269	269	269			268	268	268	268	318	267	267

マン (above 慢)　マツ (above 抹)　マク (above 膜)　マイ (above 埋)　ま行 (above 儘)　マ (above 魔)　ボン (above 盆)　ホン (above 翻)　ボツ (above 勃)

滅	銘	鳴	冥	【メ】	娘	霧	夢	武	矛	【ム】	眠	妙	脈	蜜	密	岬	魅	味	【ミ】	饅	漫
276	275	275	318		274	274	274	274	274		273	273	273	273	273	273	272	272		272	271

メツ (above 滅)　メイ (above 銘)　む行 (above 娘)　ム (above 武)　ミン (above 眠)　ミョウ (above 妙)　ミャク (above 脈)　ミツ (above 蜜)　み行 (above 岬)　ミ (above 魅)

薬	訳	役	厄	冶	【ヤ】	ヤ行	悶	紋	黙	網	猛	耗	盲	妄	儲	双	茂	【モ】	綿	免
279	279	279	279	189			278	278	278	278	278	277	277	277	277	276	276		276	276

ヤク (above 薬)　ヤ (above 役)　*冶 (above 冶)　モン (above 悶)　モク (above 黙)　モウ (above 網)　も行 (above 儲)　モ (above 双)　メン (above 綿)

誉	与	【ヨ】	優	融	憂	誘	雄	裕	遊	猶	悠	幽	勇	唯	癒	輸	諭	愉	喻	【ユ】	躍
284	284		283	283	283	283	282	282	282	282	282	281	281	281	280	280	280	280	318		280

ヨ (above 誉)　ユウ (above 優)　ユイ (above 唯)　ユ (above 癒)

拉	【ラ】	ラ行	翼	欲	抑	曜	謡	擁	窯	踊	腰	溶	陽	揺	揚	痒	庸	妖	幼	預
319			287	152	287	287	287	287	287	286	286	286	286	285	285	285	285	285	284	284

*拉 (above 拉)　ヨク (above 欲)

戮	離	罹	履	裏	痢	狸	里	吏	【リ】	欄	濫	覧	乱	辣	酪	絡	落	頼	雷	羅	裸
292	292	292	292	291	291	291	291	291		290	290	290	290	290	289	289	289	288	288	288	288

リク (above 戮)　ラン (above 欄)　ラツ (above 辣)　ラク (above 酪)　ライ (above 頼)

瞭	療	寮	領	漁	僚	梁	陵	猟	涼	了	慮	虜	旅	侶	硫	粒	隆	龍	竜	柳	立
297	296	296	296	296	296	295	295	295	294	294	294	294	319	294	293	293	293	293	293	82	

リョウ (above 梁)　リョ (above 慮)　*龍 (above 龍)　リュウ (above 竜)　リツ (above 立)　*立

列	暦	麗	齢	隷	霊	零	戻	励	隶	【レ】	類	塁	累	涙	【ル】	隣	臨	鈴	倫	厘	糧
301	301	301	300	300	300	300	300	299	184		299	299	299	298		298	298	298	297	297	297

レツ (above 列)　レキ (above 暦)　レイ (above 麗)　ルイ (above 類)　ル (above 涙)　リン (above 隣)

鹿	籠	漏	楼	廊	狼	朗	浪	郎	弄	露	路	賂	炉	【ロ】	錬	練	廉	恋	裂	烈	劣
319	319	305	305	305	305	305	304	304	304	304	303	303	303		303	302	302	302	302	302	301

ロク (above 鹿)　ロウ (above 楼)　ロ (above 賂)　レン (above 錬)

(以上)	腕	湾	惑	賄	猥	歪	鰐	枠	話	倭	【ワ行】	ワ行	麓
	307	307	307	307	306	306	306	306	306	319			319

ワン (above 腕)　ワク (above 惑)　ワイ (above 賄)　わ行 (above 鰐)　ワ (above 枠)

[主な部首の名称]

丨	たてぼう
丶	てん
丿	はらいぼう
乙	おつにょう
亅	はねぼう
亠	けいさんかんむり
𠆢	ひとがしら
亻	にんべん
儿	ひとあし
入	いりがしら
八	はちがしら
冂	どうがまえ
冖	わかんむり
冫	にすい
几	かぜがまえ
凵	うけばこ
刂	りっとう
勹	つつみがまえ
匕	さじ
匚	はこがまえ
匸	かくしがまえ
卜	ぼく
㔾	ふしづくり
厂	がんだれ
口	くちへん
囗	くにがまえ
土	つちへん
士	さむらい
夂	ふゆがしら
夊	なつあし
宀	うかんむり
⺍	さかさしょう
尢	だいのまげあし
尸	しかばね
屮	そう
巾	はばへん
幺	いとがしら
广	まだれ
廴	えんにょう
廾	にじゅうあし
弋	しきがまえ
彑	けいがしら
彐	よ
彡	さんづくり
彳	ぎょうにんべん
忄	りっしんべん
扌	てへん
氵	さんずい
犭	けものへん
艹	くさかんむり
辶	しんにゅう
阝(右)	おおざと
阝(左)	こざとへん
⺗	したごころ
戈	ほこづくり
戸	とかんむり
支	しにょう
攵	ほくづくり
斗	とます
斤	おのづくり
方	かたへん
无	むにょう
日	ひへん
曰	ひらび
月	つきへん
月	にくづき
欠	あくび
止	とめへん
歹	かばねへん
殳	るまた
毋	なかれ
气	きがまえ
灬	れっか
爫	つめかんむり
爻	めめ
爿	しょうへん
片	かたへん
牙	きばへん
牜	うしへん
礻	しめすへん
耂	おいかんむり
氺	したみず
疋	ひきへん
疒	やまいだれ
癶	はつがしら
罒	あみがしら
示	しめすへん
禸	じゅう
禾	のぎへん
穴	あなかんむり
衤	ころもへん
缶	ほとぎ
老	おいかんむり
耒	すきへん
聿	ふでづくり
臼	うす
艮	こんづくり
虍	とらかんむり
行	ぎょうがまえ
覀	か
舛	まいあし
豕	ぶた
豸	むじなへん
走	そうにょう
𧾷	あしへん
辰	しんのたつ
邑	おおざと
酉	さけづくり
釆	のごめへん
麦	ばくにょう
阜	こざと
隶	れいづくり
隹	ふるとり
𩙿	しょくへん
斉	せい
革	つくりがわ
頁	おおがい
韋	なめしがわ
髟	かみがしら
鬲	かくへん

漢字川柳──五七五で漢字を詠む

【ア＝亜　あ行＝扱　アイ＝哀】

ア　【ア＝亜　あ行＝扱　アイ＝哀　挨　愛　隘　アク＝握　アン＝餡】

亜　二5
- ひとくちに 一口＝ 亜 一つといえぬ アジア 亜細亜なり……岡倉天心へ
- ひとくちに 一口＝ 亜 一つといえば アリュウ 亜流なり……『風土』和辻哲郎

扱　扌3
- てをノばし [扱] 3人及ぶ 客扱い……鮨屋の板前

哀　口6
- けいさんし [一] 口イレやく [哀] 口入れ屋 くる 哀れ哀史よ…………『あゝ野麦峠』

●岡倉天心「アジアは一なり」『東洋の理想』1872（明５）年。●山本茂実『あゝ野麦峠』は女工哀史の物語。「口入れ屋」は近年の風俗営業とは無関係、奉公口を世話する人のこと。

【アイ＝挨　愛　隘　アク＝握　アン＝餡】

挨 扌 7
てムり矢り。
[挨]
——
てがくたクタの　ご挨拶
[巛][拶]
……選挙運動
[アイサツ]
[せんきょうんどう]

愛 夂 10
ノッている　ワタしの心　クタびれた
[夂][愛]
[こころ]
……愛
[アイ]

隘 阝 10
・さ・ん・ぴんハ　一八い皿に　隘路あり
(3 1)
[阝]　[隘]
[いっぱ]　[さら]
[アイロ]
……逆境
[ぎゃっきょう]

握 扌 9
てでコノ屋　握る力は　握力だ
[扌]
[握][や]
[にぎ][ちから]
[アクリョク]
……キングコング

餡 飠 8
しょくへんの　クず臼でひき　餡にする
。。。。
[飠]
[餡][うす]　[アン]
……葛餡
[くずあん]

●人間の「愛」はアガペー（神への愛）とエロス（性への愛）とに分かれるが、精神的か肉体的かを問わず、終局ではどちらも「くたびれる」ことに違いはないようである。

【イ＝位 依 易 威 胃 為 尉 偉 違 維 遺 慰 緯】

位 イ 5

ひと・けいさん。
［イ］
［一］〔亠〕一の位　第一位
資産公開

依 イ 6

イい衣　頼る心は　依頼心
花嫁

易 日 4

イい衣　小さな古ぎ　依怙贔屓
継母

日びいわく　勿ろん易は　易しく容易
高島易断

●部首〔亠〕は「なべぶた」として知られているが、別名を卦算＝文鎮の形に以ているので「けいさんかんむり」という。本書では一貫して「計算」の意味をあてて用いる。

【イ＝威 胃 為 尉 偉】 4

威
女 6
(野)
ノ二女
[戈]威
ほこで威して 威圧する
……アマゾネス

胃
月 5
田(た)くさんの にくづきが散る 太田胃散(おおたいさん)
[月][胃]
……常備薬(じょうびやく)

為
灬 5
ソの為に
[灬]為
れっかにいかり 為政者(いせいしゃ)に
……為替(かわせ)レート

尉
寸 8
コ二つ 小さく示す 一寸は尉官(いかん)
[尉]
……肩章(けんしょう)

偉
イ 10
(いー湯)
イーユだと 口で牛(く)ちえるの 偉(えら)いぞ偉人(いじん)
[偉]
……感謝(かんしゃ)

● 「為替」はmoney-orderの翻訳。福沢諭吉(1834〜1901年)『西洋旅案内』に「現金に替えさせるという意味に合わせ、為替(かえしめる)という漢字を当てて創作した」とある。

5 【イ＝違 維 遺 慰 緯】

違 (⻌ 10)
たてろユを 口でヰうだけ しんにゅう間違い……ルール違反(イハン)
[⻌] (違)
[一] (湯)

維 (糸 8)
—くム小さく 糸でふるとり すを維持(イジ)す……繊維(センイ)
[隹] (維)
(巣)

遺 (⻌ 12)
中一の 貝にしんにゅう 遺憾(イカン)なり……父の遺言(ユイゴン)
[⻌] (遺)

慰 (心 11)
コフ示す 一寸の心 慰め慰安(イアン)……老母(ロウボ)
(子)
[慰]

緯 (糸 10)
糸たてる ユっくり口で ヰう経緯(ケイイ)……株主総会(かぶぬしそうかい)
(意図)
[一] [緯]

●「中一」は、中学1年生の女子であるが、助詞の「の」を「が」に変えると「中1男子」が登場し、「貝」は無規定となり、蜆・蛤・赤貝・法螺貝のどれでもよいことになる。

【い行＝芋　イク＝育　イチ＝壱　イツ＝逸　溢】

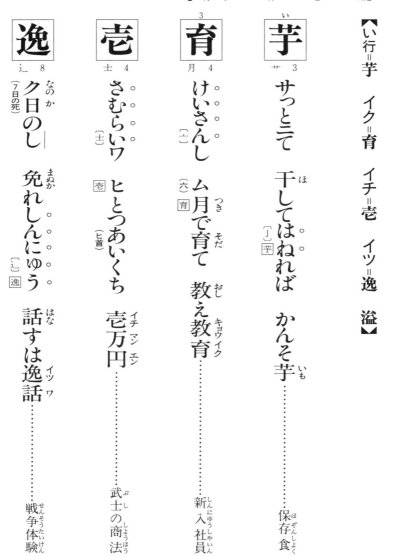

芋 艹3
サッと三て　干してはねれば　かんそ芋
［丿］芋
……保存食

育 月4
けいさんし ［十］
［六］育　ム月で育て　教え教育
オシ キョウイク
……新入社員

壱 士4
さむらいワ ［十］
［壱］ヒとつあいくち　壱万円
ヒ首　イチマンエン
……武士の商法

逸 辶8
ク日のし ［なのか］
〔7日の死〕
免れしんにゅう ［辶］逸
まぬか
話すは逸話
はな　イツワ
……戦争体験

●「逸」を分解すれば、「ク」「囗」「ノ」「し」（ノとしで部首〔儿〕ひとあし）そして「辶」である。「ク」を7、「囗」を日で、「7日ノし（死）」と読み「辶」で「逸」ができる。

【イツ＝溢　イン＝姻　陰　隠】

【イン＝姻　陰　隠　韻】

溢 氵（外）10
みずハ一パい
［溢］皿に溢れて　溢水だ
……脳溢血

姻 女 6
くのいちは　かこわれ一人
［女］［姻］婚姻す
……愛妻

陰 阝 8 （3 1）
さんぴんの　今ニ云ぬん
［阝］［陰］陰口陰気
……三一侍

隠 阝 11 （3 1）
さんぴんノ　ツヨい心を　隠し隠蔽
［阝］［隠］隠し隠蔽
……隠密同心

●部首〔阝〕（こざとへん）を「3」に「1」と書くので「さんぴん」と読む。年収が三両一人扶持（さんりょう・いちにん・ぶち）であった江戸時代の身分の低い侍のこと。

【イン＝韻　ウ＝右　う行＝鰻　噂】

【ウ＝右　う行＝鰻　噂　ウツ＝鬱】

韻 音6
音口に 目八ぶんをよみ 韻をふむ……記憶術
[韻](文)

1 右 口2
「ノ一！」と口 ナェ右左 右往左往……不倫現場
[右][左]

鰻（外う）魚11
さかなへん。。。。日目又すきな 鰻なり……土用の丑の日
[魚][姫][鰻]

噂（外う）口12
口いっ八い さけが 一寸で 噂する……話上戸
[酉][噂]

●「右」の筆順はノが先。「ノー」と口にするのは外国人女性。ベッドの男性は瞬時に事情がわかり、右左をみて右往左往するだけとなる。不用心が招いた情事の悲劇である。

【ウツ＝鬱　え行＝餌　エイ＝英　映】

鬱 〔鬯〕19
（利かん気）

木缶木ワ（きかんき）×ばつ、、、。てんうけて〔凵〕ヒ（ひ）さんなり〔鬯〕……憂鬱（ユウウツ）

【え行＝餌　エイ＝英　映　詠　影　鋭　エキ＝疫　駅】

餌 〔食〕6（外え）
しょくぱんの〔食〕耳（みみ）は餌（えさ）なり　食（た）べ餌食（えじき）……食餌療法（ショクジリョウホウ）

英 〔艹〕5
サアコー（こい）〔英〕大（おお）きくなって英雄（エイユウ）だ……長男誕生「英雄（ひでお）」

映 〔日〕5
日（ひ）がコー（こい）〔映〕大（おお）きく映（うつ）る映画館（エイガカン）……映（は）える

●「噂」の八は筆記体では「ソ」。●「鬱」の〔宀〕（わ冠）は「ワ」。〔凵〕（うけばこ）は「うけ」＝受けと理解。〔彡〕（さんずくり）の「さん」とヒで「ヒさん」は悲惨と読む。

【エイ＝詠 影 鋭 エキ＝疫 駅】

詠 言5
言(こ)てんで。。
[詠] 永(なが)く詠(よ)む歌(うた)　ご詠歌(エイカ)
……巡礼(じゅんれい)

影 彡12
日(ひ)が京(きょう)に。。
[彡][影] さんさんとのび　影撮影(かげサツエイ)
……太秦映画村(うずまさえいがむら)

鋭 金7
金(かね)にツの。。
[鋭] 兄(あに)は鋭(するど)く　鋭敏(エイビン)だ
……商売人(しょうばいにん)

疫 疒4
やまいノて。。
[疒] すまたをおかす　疫病(エキビョウ)だ
[又][疫]
……疫病神(ヤクビョウガミ)

駅 馬4
馬(うま)をコフ
[駅] 人(ひと)がつなげば　駅(エキ)となる
……荒野(こうや)の用心棒(ようじんぼう)

●胎児の脳は全て初めは女脳で、睾丸ができホルモンの分泌により男脳となるが、母体のショックでそのホルモンが止まると、「脳は女、性器は男」の真性「ホモ」が誕生する。

【エツ＝悦 越 謁 閲】

悦 忄7
ぼう。。
[一]
[悦] 兄は喜び　喜悦する
……ホモセクシャル

越 走5
土走レ
[戈][越]
ほこもち境　越え越境
……足軽

謁 言8
言う日なか
[謁]「匂いだけでも！」拝み拝謁
……倒錯

閲 門7
門ソロり
。。。
[几][閲]
ひとあしのなか　検閲す
……憲法第21条

●「日本国憲法」（1946〔昭21〕年5月3日施行）の「第21条」に、「集会、結社及び言論、出版その他一切の表現はこれを保障する。検閲は、これをしてはならない」とある。

【エン＝延 炎 宴 焉 援 猿 遠 煙 鉛 縁 艶】

延 [5画 / 6]
ノび止まる と
（参入）[廴] 3にゅう。。。延ばし の
延期する エンキ 合弁事業 ごうべんじぎょう

炎 [火 4]
火に火もえ ひ ひ [炎]
炎が上がり ほのお あ
炎上す エンジョウ 大阪夏の陣 おおさかなつのじん

宴 [宀 7]
ウたげの日 ひ
くのいちに会う [女][宴] あ
宴会場 エンカイジョウ 宴 うたげ

焉 [外 / ハ 7]
正に5と まさ ご
よんで終って [三][焉] おわ
終焉す シュウエン 最終レース さいしゅう

●「大阪冬の陣」（1614〔慶長19〕年10月）に続いて「大阪夏の陣」（1615〔元和1〕年4月〜5月）が起こり、豊臣秀頼とその母淀君は大坂城の炎のなかで自害する。

13 【エン＝援 猿 遠 煙 鉛】

援
扌 9

[扌] てノツめで 二リノ友を 助けて援助
[援]
……緩める

猿
犭 10

けもの土 ロイレくるし 猿芝居
[犭]
[猿]
……猿人

遠
辶 10
(道路行く)

土ウロイく しんにゅう遠く 遠方へ
[土]
[辶][遠]
……久遠

煙
火 9

火が西に 土煙あげ 煙る煙幕
[火][煙]
……近代戦

鉛
金 5

金ハロう 鉛の刀 鉛刀に
[鉛]
……古物商

●「縁・緑・録」の３字に注意。「糸ヨぶた〔豚〕、糸ヨみず〔氺・したみず〕、金ヨみず」と覚える。●「虞美人草」はヒナゲシの漢名、夏目漱石に同名の小説（明治40年）がある。

【エン＝縁　艶　オ＝汚　お行＝虞】

縁
糸 9
(意図)

糸せずに ヨくぶたは縁　縁側の
[家][縁]
記録係は緑さん

艶
色 13

曲がり豆　色艶もよく 妖艶だ
[艶]
……ぬれ甘なっと

【オ＝汚　お行＝虞　卸 オウ＝凹 押 欧 殴 桜 翁 奥】

汚
氵 3

みず二５り　汚く汚れ　汚れて汚濁
[氵][汚]
……濁る

虞
虍 7

トらの口　呉のひとおそう　虞あり
[虍][虞]
……虞美人草

●「ぬれ甘なっと」は外皮はやわらかく「見た目にもしっとりと美しい艶を出し、豆芯までじっくり糖蜜を含ませた」甘納豆のこと。最高の美味である（東京新宿・花園万頭）

【お行＝卸　オウ＝凹　押　欧　殴】

卸 卩7
(野)
ノ二午を　止めフし卸す　卸商
[卩][卸]
うま　と　おろ　おろしショウ
密貿易

凹 凵3
(日)
ひをうける　鏡の面は　凹面鏡
[口][凹]
かがみ　めん　オウメンキョウ
凸面鏡

押 扌5
(扌)
てで甲は　押さえて印　押印す
[押]
こう　お　しるし　オウイン
契約書

欧 欠4
(二目)
一メして　あくびでてくる　欧文文字
[欠][欧]
ひと　オウブンモジ
学習不足

殴 殳4
(二目)
一メして　るまたで殴り　打ち殴打
[殳][殴]
ひと　なぐ　う　オウダ
先制攻撃

● 「アルファベットが並んでいると "あくび" がでる」と言った僕に、スウェーデン人のL嬢は日本語学習の後期を終えても「漢字を書こうとすると "はきけ" がする」と言った。

【オウ＝桜 翁 奥　オク＝億】

桜　木 6
木のツメが ・・・・ [女]桜
くのいちのよう
桜（さくら）は桜花（オウカ）
桜花爛漫（おうからんまん）

翁　羽 4
公（おおやけ）に
[翁]羽（はね）をのばせる
翁（おきな）老翁（ロウオウ）
老齢年金（ろうれいねんきん）

奥　大 9
向（む）かいがわ
米一人（こめひとり）じめ
[奥]奥深奥（おくシンオウ）
米屋（こめや）

億　イ 13
・・
ひと立（た）つ日（ひ）
[イ]心（こころ）にちかう
[億]億万長者（オクマンチョウジャ）
青雲（せいうん）の志（こころざし）

【オク＝億 憶 臆　オツ＝乙　オン＝温 穏】

●「憶」は常用漢字で「臆」は表外字。同音の漢字による「書きかえ」で「憶測」とはできるが、「臆する」を"憶する"に、「臆病」を"憶病"に書きかえられない不便がある。

【オク＝憶 臆　オツ＝乙　オン＝温 穏】

憶
↑ 13

小さな音　心に記し　記憶する……バッハ

臆
月 13

にくづきが立つ音に心　臆病に……不感症

乙
乙 0

｜てをはねる　乙にすました　女は乙女……令嬢

温
氵 9

みず日びに　皿に温か　温暖に……春の小川

穏
禾 10

のぎノツメ　ヨくのび心　穏やか穏和……豊作

●「穏やか」（おだやか）と混同しがちな訓（くん）に「和やか」（なごやか）がある。野球ファンならば「平和台　名古屋（なごや）かちがう　福岡だ」と覚えておけばいい。

カ 【カ＝花 佳 架 夏 荷 華 菓 訛 渦 嫁 暇 禍 靴 寡 箇 稼】

花 ⺾ 4
サッとイ
[花] ヒに花開き 開花する
……春分の日

1 佳 イ 6
イい土と
[佳] 土とで作る 佳作なり
……陶芸家

架 木 5
カロやかに
[架] 木を架け橋を 架橋する
……架空

2 夏 夂 7
一つノ目 クタびれ夏は
[夂][夏] 夏期休暇
……一ツ目小僧

● 「架空」の反対語は「実在」。実名の反対語「仮名」の同音の仮にひきずられた "仮空" はよくある間違い。──空に橋を架ける話はでたらめな「架空の話」ということだ。

【カ＝荷 華 菓 訛 渦】

荷 艹 7
サ あイ 一可（いイか）
[荷] 荷もつを出して 出荷する……宅急便（たっきゅうびん）

華 艹 7
サと二つ サと二つひき
[一][華] 華は華美（カビ）……華厳経（ケゴンキョウ）

菓 艹 8
サっと日（ひ）が
[菓] 木（き）にかかるころ 菓子（カシ）がでる……三時の御八つ（さんじのおやつ）

訛 言 4 外
言（げん）が化（ば）け
[訛] 訛（なま）って転（ころ）び 転訛（テンカ）する……手前（てまえ）→テメエ

渦 氵 9
みず〔氵〕ココで
[渦] コの口（くち）は渦（うず） 中渦中（なかカチュウ）……鳴門海峡（なるとかいきょう）

●「華」には〔艹〕が２つある。上の〔艹〕と中の〔艹〕に注目しなければならない。２度〔艹〕を書くのが「華」の正しい筆順である。読み方に「華奢」（きゃしゃ）がある。

【カ＝嫁 暇 禍 靴 寡】

嫁 女 10
(他家)嫁 女た家
嫁に再び 嫁げば再嫁
……責任転嫁

暇 日 9
日なか旨又なくし 暇休暇
……霞さん

禍 ネ 9
(根)ネが過こに ある禍いは 禍根なり
……北アイルランド紛争

靴 革 4
。。。。かわへんを 化かして靴に 製靴業
……運靴

寡 宀 10
ウぇあたま でた分占める 寡占なり
……棒グラフ

● 「寡」のしたの「刀」は"力"ではない。「衆寡（しゅうか）敵せず」（わずかな人数は大勢に対しては勝目がない）の「衆」も血のしたは"豕"ではない。大衆はブタではない。

【カ＝箇 稼　か行＝刈　且】

箇 竹8
竹固い 所の箇所(カショ)を 箇条書(カジョウガキ)
〔箇〕
……料理人(りょうりにん)

稼 禾10
のぎで家(うち)。稼(かせ)ぐなりわい 稼業(カギョウ)なり
〔稼〕〔生業〕
……専業農家(せんぎょうのうか)

【か行＝刈　且　蚊　掛　垣　潟　ガ＝雅　餓】

刈 リ2
メ(め)を＝フ(ふた)。りっとうではね 刈(か)り入れる
〔芽〕〔リ〕〔刈〕
……慎太郎(しんたろう)刈(が)り

且 一4
目(め)がでたら 飲(の)み且(か)つ歌(うた)い 且(か)つ踊(おど)る
〔芽〕〔二〕〔且〕
……出世(しゅっせ)コース

●「当用漢字表」(1946年)は「日本国憲法」の漢字を全て含む。「常用漢字表」(81年)は「当用漢字表」を引き継ぐので、現代表記ではひらがなで書く「虞・且・但・又」を含む。

【か行＝蚊 掛 垣 潟 ガ＝雅】 22

蚊 (か) — 虫4
虫文(むしぶん)〔蚊〕 巾長い蚊帳(はばながいかや)〔帳〕 へやにつる …… 夜(よる)の帳(とばり)が下(お)りて

掛 (か) — 扌8
〔扌〕てで土(つち)に 土(つち)ぼく掛(か)ける〔卜〕〔掛〕 掛(かか)りなり …… 係長(かかりちょう)

垣 (か) — 土6
土(つち)一日(いちにち) 〔垣〕一(いち)いちつんで 垣(かき)つくる …… 垣間見(かいまみ)る

潟 (か) — 氵12
〔氵〕シかと臼(うす) つつみてんてん、、〔勹〕〔灬〕〔潟〕 潟(かた)をいく …… 新潟県(にいがたけん)

雅 (ガ) — 隹5
(烏帽子)牙(きば)かぶり 〔隹〕〔雅〕とりと楽(たの)しむ 雅(みやび)な雅楽(ガガク) …… 平安貴族(へいあんきぞく)

● 「蚊」はブーン（文）、「鵞鳥」ガーガー（我）、「猫」ミョウミョウ（苗）、「鳩」はクックッ（九）で「鴨」コウコウ（甲）。意符（虫・犭・鳥）と「鳴き声」でも漢字はできる。

23 【ガ＝餓　カイ＝介　会　快】

餓
食 7
しょくへんに
[食]
[餓] 我鬼のよう　餓鬼となる……飢饉

【カイ＝介　会　快　戒　改　乖　怪　拐　悔　皆　塊　壊　懐】

介
人 2
ひと＝り
[介] 抱かれ介抱　上野介……松の廊下

会
人 4
ひと三ム まり
[会] 会えば話して　会話する……会釈

快
忄 4
ぼうハユれ
[｜]
[快] 人快く　快感だ……シーソーゲーム

● 「食」が偏（へん、漢字の左側の要素、しょくへん）となる時〔𩙿〕か〔飠〕。「飢饉」の「飢」は常用漢字なので新字体〔𩙿〕、「饉」は表外字なので旧字体〔飠〕となる。

【カイ＝戒 改 乖 怪 拐】

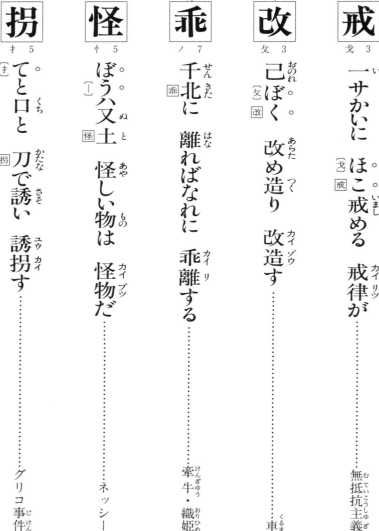

戒 戈3
一(イ)サかいに [戈][戒] ほこ。戒(いまし)める 戒律(カイリツ)が……無抵抗主義(むていこうしゅぎ)

改 4 攵3
己(おのれ)ぼく。[攵][改] 改(あらた)め造(つく)り 改造(カイゾウ)す……車(くるま)

乖 外 ノ7
千北(せんきた)に [乖] 離(はな)ればなれに 乖離(カイリ)する……牽牛(けんぎゅう)・織姫(おりひめ)

怪 忄5
ぼう。[忄] ハ又土(と) [怪] 怪(あや)しい物(もの)は 怪物(カイブツ)だ……ネッシー

拐 扌5
[扌] てと口(くち)と [拐] 刀(かたな)で誘(さそ)い 誘拐(ユウカイ)す……グリコ事件(じけん)

●常用漢字の中にも機能度の低い（熟語の少ない）ものもある。「拐」の熟語は「誘拐」と「拐帯」。それでも常用漢字なのは、「誘拐」も「公金拐帯」も世の常であるからか。

25 【カイ＝悔 皆 塊 壊 懐】

悔 忄6
小さいノ 一つと母は 悔(く)やみ後悔(コウカイ)……悔(くや)しがる

皆 比5
ヒビノ日を 皆(みな)勤(つと)めあげ 皆勤賞(カイキンショウ)……終身雇用制(しゅうしんこようせい)

塊 土10
土(つち)を鬼(おに) 塊(かたまり)にして 土塊(ドカイ)にす……日干(ひぼ)しレンガ

壊 土13
土十四(つちじゅうし) 衣(ころも)壊(こわ)れて 破(やぶ)れて破壊(ハカイ)……壊死(えし)

懐 忄13
小さいな 十四(じゅうし)の衣(ころも) 懐(なつ)かし懐古(カイコ)……懐手(ふところで)

● 「心」が偏（へん、左側の要素）になる時〔忄〕（りっしんべん、立心偏）となる。本書では「小さい」、「ぼう八」と読んでいるが、筆順は「八」の次に「丨」が正しいので注意。

【ガイ＝劾 涯 慨 該】

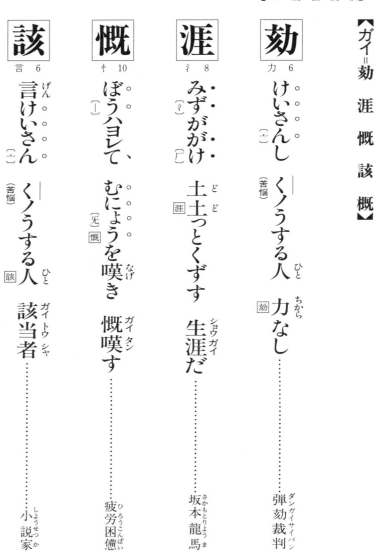

- **劾** 力6 けいさんし（二）（苦悩）——くノうする人 力なし [劾] 弾劾裁判（ダンガイサイバン）

- **涯** 氵8 みずがけ（氵）土土っとくずす（ド） [涯] 生涯だ（ショウガイ）　坂本龍馬（さかもとりょうま）

- **慨** 忄10 ぼうハヨレて、むにょうを嘆き（无）慨嘆す（ガイタン）[慨] 疲労困憊（ひろうこんぱい）

- **該** 言6 言けいさん（げん）（二）（苦悩）——くノうする人 [該] 該当者（ガイトウシャ）　小説家（しょうせつか）

●部首〔厂〕（がんだれ）は切り立った「がけ」の意味。どこにでもある「崖」（がけ・ガイ）の熟語に「断崖絶壁」がある。崖──「山一つ　ノぼれば土と　土の崖」。

【ガイ＝概　カク＝拡　核　郭】

概 [木 10]

木はヨレて、むにょう概ね　概算で[ガイサン]
[兀][概]
……………台風一過[たいふういっか]

【カク＝拡　核　郭　殻　隔　較　獲　嚇　穫　ガク＝岳】

拡 [扌 5]

てを広げ[ひろ]　一人大きく[ひとり おお]　拡大す[カクダイ]
[扌][拡][大]
……………弁慶[べんけい]

核 [木 6]

木けいさん[き]　──　くノうする人[ひと]　核心をつく[カクシン]
[十][核]
[苦悩]
……………治山治水家[ちさんちすいか]

郭 [阝 8]

けいさんを　口にする子は[くち こ]　・・・・さんぴんやろう
[十][阝]
[31][郭]
……………外郭団体[ガイカクダンタイ]

●「亥」（ガイ・い）をもつ常用漢字は「劾・該・核・刻」の 4 文字。亥は十二支の12番目で猪（いのしし）にあてる。亥──「けいさんし　くノうする人　いのしし年（どし）」。

【カク＝殻 隔 較 獲】

殻 殳7

- 享楽的(きょうらくてき) さんぴんあそぶ 郭(くるわ)にて　先斗町(ぽんとちょう)
- さむらいワ ノってるまたで 殻(から)をわる　地殻(チカク)

隔 阝10

- さんぴんが 一口いろワルしT 隔(へだ)てられ　隔離(カクリ)

較 車6

- 一日十(いちにちとう) けいさんをして 父比較(ちちヒカク)　数学者(すうがくしゃ)

獲 犭13

- ノのけもの サッととり 又(また) 獲(え)て獲得(カクトク)　鷲(わし)

●「隔」の四字熟語に「隔靴搔痒」（かっかそうよう）、「靴（くつ）を隔（へだ）てて、痒（かゆ）きを搔（か）く」がある。かっかするが思うようにならず、歯がゆいことの意味。

【カク＝嚇 穫　ガク＝岳　カツ＝括】

嚇
口 14

口まっ赤
[嚇] 赤あかとも威 威して威嚇（イカク）……大蛇（だいじゃ）

穫
禾 13

のぎさっと
[隹][穫] とり又収め 収穫（シュウカク）す……雀（すずめ）

岳
山 5

おの一つ
[丘] 山おん岳へ
[岳]（御岳） 父岳父（ちちガクフ）……鉱物学者（こうぶつがくしゃ）

【カツ＝括 喝 渇 滑 褐 轄】

括
扌 6

[扌] てで千の
[括] 口を括（くく）って 一括（イッカツ）す……郵袋（ゆうたい）

●「穫」は「収穫」の熟語１つ覚えれば立派な「収穫」である。機能度の低い（熟語の少ない）漢字なのに常用漢字なのは、米の収穫が日本人にとって欠かせないことからか。

【カツ＝喝 渇 滑 褐 轄】

喝
口 8
くち ひ
口日なか
[勹]
つつむ匂いを
[喝]
一喝す
イッカツ にお

……屁へ

渇
氵 8
みず ひ
・みずが日に
[渇]
匂いも渇き
にお かわ
渇水す
カッスイ

……雨を渇望
あめ かつぼう

滑
氵 10
みず ほね
・みずに骨
[滑]
滑る滑らか
すべ なめ
走り滑走
はし カッソウ

……滑稽
コッケイ

褐
ネ 8
ころも ひ
・ころも日に
[ネ]
[褐]
匂って色が
にお いろ
褐色に
カッショク

……褐衣
かつい かちえ

轄
車 10
いちにちじゅう くるま
一日十 車の害の
がい
[轄]
管管轄
くだ カン カツ

……環境庁
かんきょうちょう

●「曷」(カツ)を音符とする常用漢字は「日」のしたが「匂」となった。「喝・渇・褐・轄」であるが、地名としてよく使われる「葛飾」の葛は表外字なので「曷」のまま。

【カン＝甘 汗 缶 肝】

【カン＝甘 汗 缶 肝 冠 看 竿 陥 乾 勘 患 貫 喚 堪 寒 還 換 敢 棺 款 閑 勧 幹 漢 慣 管 歓 監 緩 憾 観 灌 艦 鑑▶ 寛】

甘 甘0
[甘] サニあらず 甘えてはだめ 甘言（カンゲン）に……苦言（くげん）

汗 氵3
[氵] みず二十 汗ぽたぽたと 発汗（ハッカン）す……ジンギスカンなべ 成吉思汗鍋

缶 缶0
(野)[缶] ノ山（やま）に 缶（カン）コーヒーの 空空缶（からあきカン）……公衆道徳（こうしゅうどうとく）

肝 月3
[月] にくづき二 [肝] 十ある肝（きも）は 肝腎（カンジン）だ……五臓六腑（ごぞうろっぷ）

●「肝」とは内臓のこと。それが人体にとっては肝腎要。五臓六腑とは漢方で五つの臓器と六つのはらわた。「肺・心・脾・肝・腎」と「大腸・小腸・胃・胆・三焦・膀胱」。

【カン＝冠 看 竿 陥 乾】

冠 7 ⼀
（鰐）ワニ元き　一寸冠（ちょっとかんむり）　月桂冠（ゲッケイカン）
… 冠婚葬祭（かんこんそうさい）

看 4 目
手をノばし　目で病みて　看病す（カンビョウ）
… 看護婦（かんごふ）

竿 3 竹（外）
竹二十（たけにじゅう）　竿の頭は（さおのあたま）　竿頭だ（カントウ）
… 釣人（ちょうじん）

陥 7 阝
（3 1）阝
さんぴんくん　1日陥り（いっぴおちい）　落ち陥落（おちカンラク）
… 陥れる（おとしいれる）

乾 10 乙
十早く（とおはやく）　乞う乾くこと（こうかわくこと）　乾燥機（カンソウキ）
… 出勤前（しゅっきんまえ）

●具体的な穴に「落ち入る」のであって、「陥る」は抽象的なもの、例えば「危機に陥る」というように使う。ここでは「さんぴんくん」が誘導尋問により自白させられたこと。

【カン＝勘 患 貫 喚 堪】

勘 力9

其（そ）のいっ匹（ぴき） [勘]力（カ）と勘（カン）ちがい 勘弁（カンベン）す

……糸（いと）トンボ

患 心7

口（くち）の中（なか） [患]心（こころ）患（わずら）う 者（もの）患者（カンジャ）

……病（やまい）は気（き）から

貫 貝4

母（はは）の貝（め） [貫]貫（つらぬ）き通（とお）し 貫通（カンツウ）す

……姦通（かんつう）

喚 口9

ロクでなし（ろくでなし） 四（し）一人（ひとり）で喚（わめ）く [喚]声（こえ）喚声（カンセイ）

……証人喚問（しょうにんかんもん）

堪 土9

土（つち）に其（そ）の いっ匹（ぴき）忍（しの）び [堪]堪（た）え堪忍（カンニン）

……堪能（たんのう）

●「堪能」（たんのう）の使い方に２つある。①ごちそうに堪能する。②語学が堪能だ。①は足んぬ（満足すること）の転、堪能は当て字。②は堪能（かんのう）の慣用読み。

寒 カン

宀 9

[土] ウ さむい

[二月] 二がつハウンと 寒く寒風(カンプウ)……寒冷前線(かんれいぜんせん)

換 カン

扌 9

[扌] てクに四やん (テクニシャン)

[換] 一人(ひとり)で換えて 交換(コウカン)す……修理工(しゅうりこう)

敢 カン

攵 8

[攵] エいと耳(みみ)

[敢] ぼくやる敢えて 敢行(カンコウ)す……耳殺ぎ(みみそぎ)

棺 カン

木 8

[木] 木(き)のウちたて

[棺] ココに納(おさ)めて 納棺(ノウカン)す……青山斎場(あおやまさいじょう)

款 カン

欠 8

[士] さむらいの 示(しめ)すあくび

[欠][款] だめと定款(テイカン)……打ち首(うくび)

●「閑古鳥」とは郭公鳥（かっこうどり）を訛ったものか。その寂しい鳴き声から来客がなくもの寂しいさま。「店は閑古鳥が鳴く有様」。風見鶏の鳴き声を聞いた人はいない。

35 【カン＝閑 勧 寛 幹 漢】

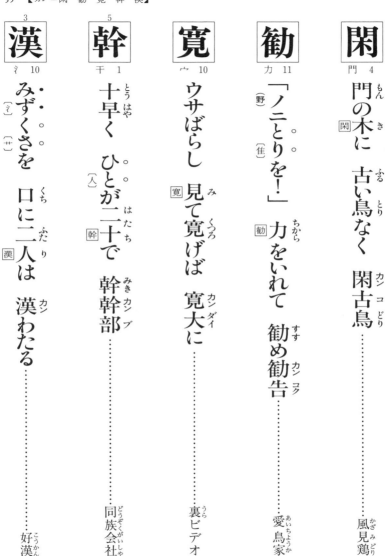

閑 門 4
門の木に 古い鳥なく [閑]閑古鳥(カンコドリ)……風見鶏(かざみどり)

勧 力 11
「ノ二とりを！」(野)(隹) [勧]力(ちから)をいれて 勧(すす)め勧告(カンコク)……愛鳥家(あいちょうか)

寛 宀 10
ウサばらし 見て [寛]寛(くつろ)げば 寛大(カンダイ)に……裏ビデオ

幹 干 1
十早(とうはや)く ひとが二十(はたち)で (人)[幹]幹幹部(みきカンブ)……同族会社(どうぞくがいしゃ)

漢 氵 10
・・みずくさを 口(くち)に二人(ふたり)は (氵)(艹)[漢]漢(カン)わたる……好漢(こうかん)

●部首〔氵〕(さんずい)には、もともと「川の名前」であったものが多い。江(揚子江)、河(黄河)、治、泥、油、洋、浪、湿、漆、漸、濁など。「漢」も揚子江の支流の１つ。

【カン＝慣 管 歓 監 緩】 36

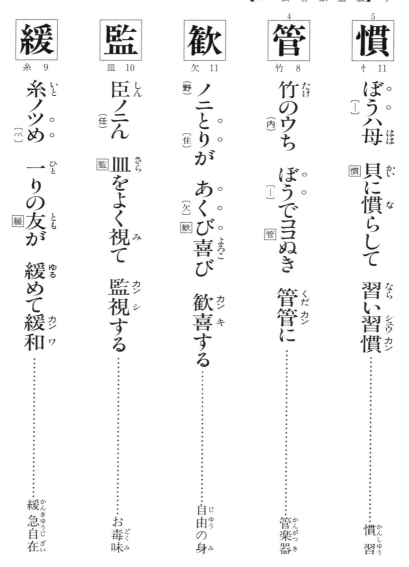

慣 ↑11
ぼうハ母
[ー]
[慣] 貝に慣らして 習い習慣
……慣習

管 竹8
竹のウち
[内]
[ー]
[管] ぼうでココぬき 管管に
……管楽器

歓 欠11
ノニとりが
[隹]
[欠]
[歓] あくび喜び 歓喜する
……自由の身

監 皿10
臣ノ𠂉ん
[任]
[監] 皿をよく視て 監視する
……お毒味

緩 糸9
糸ノツめ
[二]
一りの友が
[緩] 緩めて緩和
……緩急自在

●「観・勧・歓」の3つはよく間違えるので注意。「観客は　勧進帳（かんじんちょう）を歓迎す……歌舞伎の十八番」。しかし、——「見る力　なくて欠（あくび）の　座席かな」か。

【カン＝憾 還 環 観 灌】

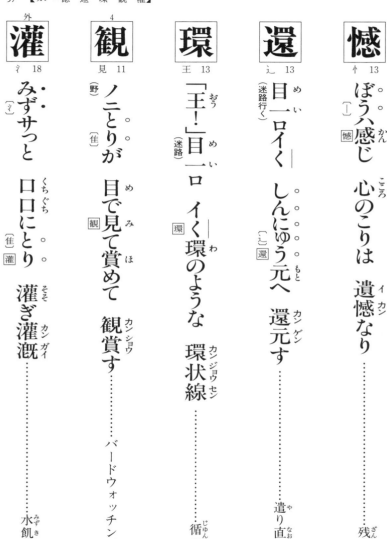

●「常用漢字音訓表」で認める「ほめる」は「褒める」だけだが、常用漢字の「賛・賞・誉」にも従来から「ほめる」という訓があてられ、微妙なニュアンスの違いで用いられてきた。

【カン＝艦 鑑　ガン＝含 眼】 38

【カン＝艦 鑑】

艦 舟 15　[艦]〔視〕
舟監しする軍艦の艦長だ……山本五十六
（ふね）（かん）（グンカン）（カンチョウ）（やまもといそろく）

鑑 金 15
金はらい 臣ノ二り は 皿鑑賞……美術館
（かね）（しん）（ふた）　[鑑]（さらカンショウ）（びじゅつかん）

【ガン＝含 眼 頑 癌】

含 口 4　[含]
今口に 含み羞じらい （目）めに含羞……熟読含味
（いまくち）（ふく）（は）　（ガンシュウ）（じゅくどくがんみ）

眼 目 6　[眼]
目はヨレて——くろい眼が 千里眼……巫子
（め）（まなこ）（センリガン）（みこ）

●芸術作品の「鑑賞」には金がかかる。「鑑識眼のある鑑定官が鑑査」した作品が並べられているからだ。美術館に入る時、金を払うことに気がつけば "監賞" とは書かぬはず。

39 【ガン＝頑 癌 キ＝己 企】

頑
頁 4
（似る）
ニ元あたま・・・
[頁][頑]

固い頑な　頑固なり
（かた）（がん　こ）

……親子（おやこ）

癌
疒 12
……
[疒]

やまいなり　品（しな）もの山（やま）に　癌病棟（ガンびょうとう）
[癌]

……お見舞品（みまいひん）

キ＝己
棋　企　危　岐　忌　奇　祈　軌　帰　既　飢　鬼　基　喜　幾

己
己 0
[己]

コしくだけ　己（おのれ）知ってる　知己（チキ）のひと

……利己主義者（リコシュギシャ）

企
人 4
[人][企]

ひと止（と）める　企（くわだ）てをする　企業（キギョウ）なり

……警備保障会社（けいびほしょうがいしゃ）

●「ソー（そいつ）王（おう）！　ノびる刀ニ　羞じらった……羞恥心（しゅうちしん）」。
●「知己」（ちき）を「自己」（じこ）にひきずられて〝ちこ〟と誤読するむきがある。

【キ＝危 岐 忌 奇 祈】 40

危 ク 4 （苦るし癌）

クるしがん。〔亻〕〔卩〕フして危ない 危ぶむ危篤 ……危急存亡の秋

岐 山 4

山で十又路わかれ 岐路にたつ ……分岐点

忌 心 3

コしはねる 心の中は 忌む忌中 ……人身事故

奇 大 5

大一つ 可なり形が 奇形なり ……奇妙奇天烈

祈 ネ 4

しめすへん〔ネ〕 おので祈って 祈念する〔斤〕〔祈〕……加持祈禱

●「奇」は機能度の高い漢字である。①めずらしい、奇病。②すぐれた、奇才。③ふしぎ、奇妙。④思いがけない、奇襲。⑤二で割りきれない数、奇数。⑥ふしあわせ、数奇。

【キ＝軌　帰　既　飢　鬼】

軌　車 2
一日に　十九台(じゅうきゅうだい)の　跡(あと)軌跡(キセキ)
……常軌(じょうき)を逸(いっ)する

帰　ヨ 7
(リョン)
リヨンから　ワたし巾(はば)たき　帰(かえ)って帰国(キコク)
……染色家(せんしょくか)

既　无 5
ヨレてむにょう　既(すで)にできてる　既製服(キセイフク)
……既成事実(きせいじじつ)

飢　食 2
しょくじノて　はねられ飢(う)えて　我(われ)ら飢餓(キガ)
……難民(なんみん)

鬼　鬼 0
ノ田(た)うつノ　ひとあしムりに　鬼鬼畜(おにキチク)！
……口入(くちい)れ屋(や)

●「リヨン」(lyon) は、フランスの南東部、ローヌ川とソーヌ川の合流点にある、伝統的な絹織物工業で知られる古代ローマからの都市。●「口入れ屋」は奉公口を世話する人。

【キ＝基 喜 幾 棋 貴】 42

基 (5) 土 8
サと二つ 一八い土を [基] 基基礎 …… 基(もと)づく
ふた いっ ぱ つち もとい キ ソ

喜 (4) 口 9
さむらいの 口はソ一の 口喜ばす [喜] …… 喜色満面
[十] くち いう そう くちよろこ キ ショク マン メン

幾 (9) 幺
―
くムくム一人 ほこで幾つも 幾何学模様 …… 木彫家
ひと り [戈] [幾] いく キ カ ガク モ ヨウ もくちょうか

棋 (8) 木
木一ぽん さん三八って 棋士になる …… 将棋
き いっ (生一本) ざん [十] キ シ しょうぎ
 (張って) [棋]

貴 (6) 貝 5
中一の 貝は貴く 重くて貴重 …… 貴ぶ
ちゅういち [貴] かい とうと おも キ チョウ たっとぶ

●「棄」は「亠」(けいさん冠)、「ム」、「卅」(さんじゅう)、「一」そして「木」からなっている。画数の多い漢字も、分解して組み立てれば頭にすっと入るものである。

【キ＝棄 旗 輝 機 騎】

棄 (11画) けいさんむり
卅一の 木を棄て放棄 [棄] …… 人手不足

旗 (10画) 方 (方位)
方イかえ 其の旗あげる 軍旗あり [旗] …… 関ヶ原の戦い

輝 (12画) ⺌
光るワが 一日十も 輝く光輝 [輝] …… 花火大会

機 (12画) 木
木くムくム 一人ほこもち 機織り機 [戈][機] …… 機敏

騎 (8画) 馬
馬一人 一口いく可し 騎馬のれつ [一路][騎] …… ひよどりごえ

●「関ヶ原の戦い」(1600年)で徳川家康の東軍(10万)はなぜ勝利できたか。有利に陣どった石田三成の西軍(8万)に裏切者がでた。「小早川秀秋」は西軍へと攻め込んだのである。

【ギ＝宜 偽 欺 疑 儀 戯 擬 犠 議】

宜 ウ 5
（芽）
ウえの目が でたら宜しい 時は時宜
〔二〕宜　よろ　とき　ジギ
……茶摘み

偽 イ 9
〔イ〕
ひとの為　偽偽りの　偽証する
〔偽〕にせいつわ　ギショウ
……偽善者　ぎぜんしゃ

欺 欠 8
〔欺〕
其の欠を　欺く言を　作り詐欺
そ　けつ　あざむ　げん　つ　サギ
〔詐〕
……欺瞞　ぎまん

疑 疋 9
（冷）
ヒ矢「マア！」ト　人は疑い　問う疑問
や　ひと　うたが　と　ギモン
〔疑〕
……インチキ商法　しょうほう

● 「騎馬民族説」とは朝鮮半島から4世紀初めに騎馬民族が九州に侵入し、4世紀から5世紀初めに、幾内に応神王朝をうちたてたとする説（1948〔昭23〕年、江上波夫が発表）。

【ギ＝儀 戯 擬 犠 議】

儀
イ 13
ひと ソー 王は我だと 儀式する
……戴冠式

戯
戈 11
トラ＝ひき ソーらほこで 戯れ遊戯
……動物園

擬
扌 14
てがヒ矢り 「マア！」ト人だす 音擬音
……お化け屋敷

犠
牛 13
牛ソー 王我のため 犠牲にす
……祝宴

議
言 13
言うソー 王は我だと 議論せず
……独裁者

●義──「ソー（そいつ）王 我は義務なし 権利のみ」とするイングランド王ジョンに対して、封建諸侯は王権を制限する『マグナ・カルタ』（大憲章、1215年）を承認させた。

【キク＝菊　キチ＝吉　キツ＝喫　詰】

菊 艹8

サとつつむ

[勹]

[菊] 米には菊の かおりする

……ご紋章（もんしょう）

吉 口3

さむらいが

[土]

[吉] 口で吉報（キッポウ） うける吉日（キチジツ）

……仕官（シカン）

喫 口9

口十二 刀で一人 煙喫煙
（口じゅうに）（かたな）（ひとり）（けむり キツエン）
（キセル）

[喫]

……喫驚（キッキョウ）する（びっくり）

詰 言6

言さむらい 口で詰めより 問い詰問
（げん）　　　（くち）（つ）　　（と キツモン）

[士][詰]

……理詰め（りづめ）

●「菊」は中国からの輸入植物なので"訓読み"ではなく「音読み」である。『万葉集』（8世紀）4516首のなかに「菊」は詠まれていない。初出は『類聚国史』（892年）である。

【キャク=却　脚　ギャク=逆　虐】

却（卩 5）
去った　〔卩〕〔却〕。われも退き　退却す……敗残兵

脚（月 7）
にくづきが　去ればフしぶし　〔月〕〔脚〕。脚脚線美……脚立

逆（辶 6）
ソ一山ノにしんにゅう　〔辶〕〔逆〕〔野〕。逆らう逆徒……義賊

虐（虍 3）
トらはE　〔虍〕〔虐〕。虐げ殺す　虐殺も……人食い虎

●部首「つき」には「月、つきへん」（=が左につく）と「月、にくづき」（=が左右につく）と「月、ふねづき」（=が中央）の区別があったが、新字体で「月」に統一された。

【キュウ＝及　丘　吸　朽　泣　糾　救　窮　ギュウ＝牛】

及 (ノ2)

ノび3人(さんにん)　[及]及(およ)ばずながら　及第点(キュウダイテン)　漢字(かんじ)テスト

丘 (一4)

おの一つ(ひと)　[丘]丘(おか)の砂(すな)じの　砂丘(サキュウ)にも　錆(さ)びたナイフ

吸 (口3)

口(くち)ノばし　[吸]3人(さんにん)吸(す)って　引(ひ)き吸引(キュウイン)　吸血鬼(きゅうけつき)

朽 (木2)

木一(きいち)ぽん　[朽]まがって朽(く)ちて　朽木(キュウボク)に　……床の間(とこのま)

● 「及」の筆順はまず「ノ」である。次に「3」（に似た字）を書き、ふとみると「人」がいる。つまり、「及」の中にカタカナのノ、数字の3、漢字の人が読みとれるのである。

49 【キュウ＝泣 糾 救 窮 ギュウ＝牛】

泣 氵5
みず・けい・さん。
[氵][泣]
ソ一は泣いて 号泣す ゴウキュウ
………
泣き女 なおんな

糾 糸3
糸ノ十 いと とう
[糾] あざな
糾い合わせ 糾合す キュウゴウ
………
紛糾 ふんきゅう

救 攵7
求めたら もと
[攵][救]
ぼくは救われ 救助され キュウジョ
………
救世主 きゅうせいしゅ

窮 穴10
穴に身を あな み
[窮]
弓に窮めて 屈み窮屈 ゆみ きわ かが キュウクツ
………
隠れん坊 かく ぼう

牛 牛0
(野)ノ二たてり
[丿][牛]
牛と馬とで 牛馬なり うし うま ギュウバ
………
牧場 ぼくじょう

●「泣き女」は金日成（1994年8月16日死去）の葬儀でも祭壇前で号泣し注目を集めた。日本でもこれを職業とする女がいて、報酬の多寡で一升泣、二升泣と泣き方を変えた。

【キョ＝巨 居 拒 拠 挙 虚 許 距 ギョ＝魚 御】

巨 [4] 一
[一]
たて よこ に コ一 大きく 巨大なり [巨]
……雷電為右衛門（らいでんためえもん）

居 [5] 尸
コ フ古（ふる）い 住まいにひとり 居て居住（キョジュウ）[居]
……一言居士（いちげんこじ）

拒 [5] 扌
[一]
てたてよこ コ一 は拒み 拒絶（キョゼツ）する [拒]
……下戸（げこ）

拠 [5] 扌
十一（じゅういち）の処（ところ）に拠点（キョテン）証（あかし）の証拠（ショウコ）[拠]
……ガサいれ

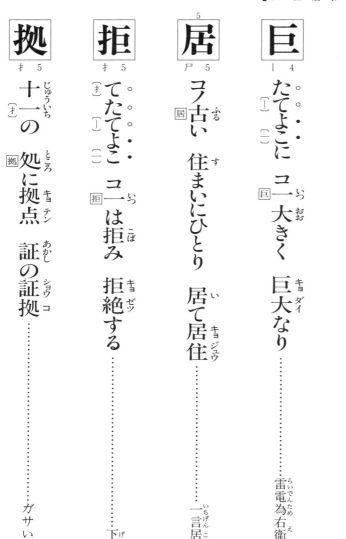

●「一言居士（いちげんこじ）　居丈高（いたけだか）にて　別居され……定年後」。居丈とは座高のこと、居丈高とは人を威圧するような態度。慎重居士でありたいものだ。

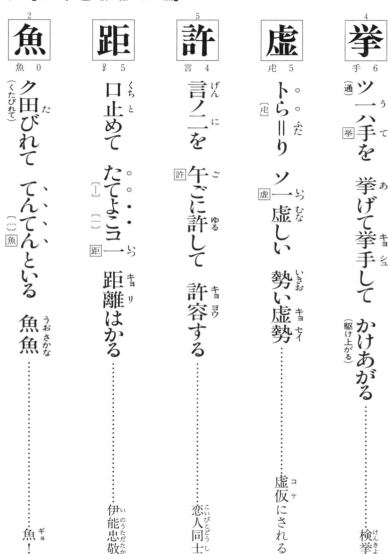

●「駆け上がる」のは舞台、検挙するのは私服刑事、罪状は猥褻罪(わいせつざい)。捕らえれば警察官という報道もあった。生板(なまいた)本番ショー中の椿事(ちんじ)である。

【ギョ=御 キョウ=凶 叫 狂】 52

御 イ9

行くがノニ (彳)
止めふしつくる [卩][御]
御者御飯 ギョシャ ゴハン
御身大事 おんみだいじ

【キョウ=凶 叫 狂 享 京 況 峡 挟 狭 矜 恐 恭 脅 強 教 矯 競 響 驚】

凶 凵2

×うけて。ばつ。 [凵][凶]
メが悪くなる わる
凶悪犯 キョウアクハン
……サングラス

叫 口3

口ノ十 くち [叫]
叫んで喚き さけ わめ
叫喚す キョウカン
……阿鼻叫喚 あびきょうかん

狂 犭4

ノのけもの (犭)
「王!」狂ってる おう くる [狂]
暴れ狂暴 あば キョウボウ
……自然破壊 しぜんはかい

● 「凶」のメを×(ばつ)=罰と理解し、部首〔凵〕(うけばこ)の「うけ」で「受け」れば「罰受けて」となる。悪くなるメ(目)は勿論、視力ではなくて「目付き」のことである。

【キョウ＝享 京 況 峡 挟】

享 (亠6)
けいさんを 口にする子は らく享受
[享][楽]
享楽的(きょうらくてき)

京 (亠8)
けいさんす 口の小さい 京美人
[京]
下鴨茶寮(しもがもちゃりょう)

況 (氵5)
シロ兄に 況やでない 状況証拠
(無実)[況]
況(いわ)んや ジョウキョウショウコ
冤罪(えんざい)

峡 (山6)
山一ソ 一人で谷へ 峡谷へ
(一層)[峡]
やまいち ひとり たに キョウコク
ヤマメ釣り

挟 (扌6)
てで一ソ 一人を挟み 撃ち挟撃
(一層)[挟]
いち ひとり はさ うキョウげき
追手(おって)

●「享楽を 享受享年（きょうねん） 80歳」。そんな人生でありたいものだが、「享」はいずれも「うける」意味。楽を享け、享けに受けいる、享けた年の80歳は「米寿」とも。

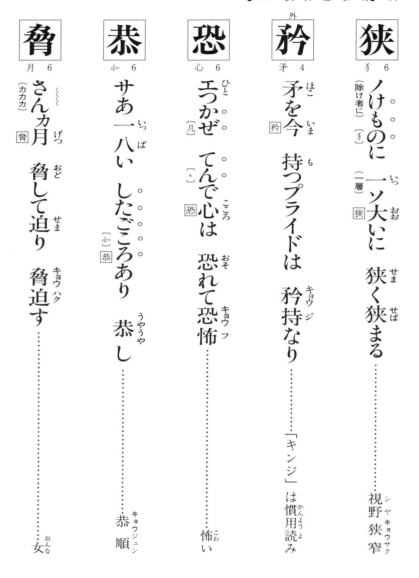

55 【キョウ＝強 教 矯 競】

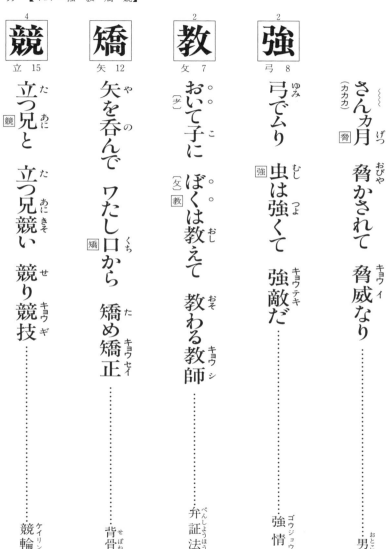

強
弓 8

さんヵ月 〔カカカ〕 [脅]
脅かされて 脅威なり キョウイ
おびや

弓（ゆみ）でムり
[強]
虫（むし）は強（つよ）くて 強敵（キョウテキ）だ

強情 ゴウジョウ

男 おとこ

教
攵 7

おいて子に ぼくは教（おし）えて 教（おそ）わる教師（キョウシ）
[耂]
[攵][教]

弁証法 べんしょうほう

矯
矢 12

矢（や）を呑（の）んで ワタシ口（くち）から
[矯]
矯（た）め矯正（キョウセイ）

背骨 せぼね

競
立 15

立（た）つ兄（あに）と 立つ兄競（きそ）い 競（せ）り競技（キョウギ）
[競]

競輪 ケイリン

●「喬」（きょう）を音符とする常用漢字に橋（鉄橋）と矯（奇矯）、表外字には僑（華僑）、嬌（嬌声）、驕（驕慢）がある。喬木（きょうぼく）は灌木（かんぼく）の対語である。

【ギョウ=仰 暁 業 凝】

響
音 11

郷(さと)に立つ　[響]音(おと)が響(ひび)いて　反響(ハンキョウ)す

……田園交響楽(でんえんこうきょうがく)

驚
馬 12

サっと句(く)を　ぼく馬(うま)くゆき　驚(おどろ)き驚嘆(キョウタン)
[夂][驚](上手く)

……長崎(ながさき)あづま

仰
イ 4
(祈れ)

イノレふし。　仰(おお)せを仰(あお)ぎ　仰視(ギョウシ)せよ
[卩][仰]

……信仰心(シンコウシン)

暁
日 8

日(ひ)に十(じゅう)にん　サっと一ノルよ　暁(あかつき)に
(祈る)[暁]

……暁天(ギョウテン)

● 「驚」の筆順を素直になぞったら、「五七五」の「うた」ができ、その「うた」の意味が「驚」の形と一致する。漢字が「表音文字」をこえた「表意文字」だからできるのだ。

【ギョウ=業 凝 キン=斤】

業 ソ 11
=ニソ一 ソ一はニほん
[業] 木をきる作業（サギョウ）
……至難（しなん）の業（わざ）

凝 ｱ 14
（うんと冷や）
ウンとヒ矢 「マア!」ト人視る 凝らして凝視
[凝] 目（め）を凝らす 血（ち）が凝結し 肩（かた）が凝る
……アダルトビデオ
……午前様（ごぜんさま）

【キン=斤 菌 琴 緊 謹 襟 ギン=吟 銀】

斤 斤 0
[斤][斥]
おのの量（りょう） 斤量一斤（キンリョウイッキン） 六〇〇瓦（グラム）
……食（しょく）パン

●「午前様」は「御前様」のもじり。忘年会・新年会などの宴会で真夜中を過ぎて帰宅する人。言語不明瞭で戸を叩くことがある。残業で遅くなった人は「午前様」とは言わない。

● 「王！」とは三畳御殿の主、内田百閒（ひゃっけん）先生の検校（けんぎょう）宮城道雄との出会いの言葉か。「琴線」は心の中にある微妙な糸で「金銭」ではふるえないもの。

吟
口 4

口で今 [吟] ラーめんの味 吟味する……グルメ評論家

銀
金 6
(名前)

金はヨレ [銀] くるしく銀に 銀に……第二位

口で今 [詠] 言永く詠み 吟詠す……吟遊詩人

ク＝駆

く行＝繰 踵 窪 熊 グ＝具 愚 ▶

駆
馬 4

馬一メ (目) [駆] して駆けはしり 疾駆する……先駆者

●なぜ「吟」（ギン）か。口で今食うラーメンの脂が「ギンギン」である様子を想像してみよう。今は（キン）とも読み、今上天皇（きんじょうてんのう）こと、昭和天皇がいた。

【く行＝繰 踵 窪 熊 グ＝具】

繰 糸 13 (ぬいぐるみ)

糸(いと)の品(しな)

[繰] 木(き)で繰(く)りかえし 手繰(たぐ)りよせ

……チンパンジー

踵 足 9 （外く）

口(くち)止(と)めて

[踵] 重(おも)たい踵(かかと) 踵(くびす)を返(かえ)す

……破談(はだん)

窪 穴 9 （外く）

穴(あな)にみず・・

[窪] 土土(どど)っとはいる 窪地(くぼち)あり

……荻窪(おぎくぼ)

熊 灬 10 く

(睦月) (熊)

ムつきヒヒ (つき)

[熊] てんてんつけて 熊(くま)となる

……熊(くま)の胆(い)

具 八 6 3

目(め)一(いっ)八(ぱ)い

[具] 具(グ)が具体的(グタイテキ) 中華丼(ちゅうかどん)

……神保町(じんぼうちょう)揚子江(ようすこう)

●中華丼の「具」（主材料にまぜる副材料）を数えてみた。野菜は「ネギ・ピーマン・白菜・筍・王ネギ・椎茸」。魚は「小エビ・なまこ」。肉は「豚肉・レバー」の10種類だった。

【グ＝愚　グウ＝偶　遇　隅】

【グウ＝偶　遇　隅　クツ＝屈　掘　クン＝勲　薫　グン＝群】

愚 心9
日ワたてど ムすこの心　愚かな愚息……暴れん坊将軍

偶 イ9
イい日ワレ てんで偶　偶像を……発見・兵馬俑

遇 え9
その日ワレ ムりにしんにゅう 遭い遭遇……平手打ち

隅 阝9
・・・さんぴんが その日にワレを ムりに隅……一隅

●「偶然に　偶像ひろう　偶数だ……対偶の」。それぞれの「偶」の意味は異なっている。
①たまたま、②にんぎょう、③二で割り切れる数、④対（つい）、組みになっているもの。

【クツ＝屈 掘 クン＝勲 薫 グン＝群】

屈 尸 5

ヨノぼう出で
[コ][屈]
屈(かが)んでうけた 辱(はずかし)め
……
屈辱感(クツジョクカン)

掘 扌 8

てヨノぼう出で
[扌][棒][掘]
掘(ほ)って削(けず)って 掘削(クッサク)す
……
お堀(ほり)

勲 力 13

重(おも)たい力(か)
[灬][勲]
よつさがるは 勲四等(クンヨントウ)
……
春(はる)の叙勲(ジョクン)

薫 艹 13

。。。
[艹]
くさ重(かさ)ね
。。
[灬][薫]
れっかで薫(かお)る 薫製品(クンセイヒン)
……
ソーセージ

群 羊 7

君(きみ)ソー(そいつ)
[群]
「キ!」となり群(む)れて 群(グン)つくる
……
デモ隊

● 「勲」の旧字体は「勳」。「薫」の旧字体は「薰」。どちらも本書の趣旨である「筆順」「音訓」「熟語」をよみ「五七五」のうたにすることはできない。新字体さまさまである。

【ケイ＝刑 茎 契 恵 啓 掲 渓 蛍 敬 傾 携 継 慶 憩 稽 警 鶏】

刑 リ 4
二にたて＝りっとうできり 処刑する……刑罰

茎 艹 5
サっと又 土から茎が 地下茎が……芋づる式

契 大 6
十二刀 一人で契り 契約す……〜を契機に

恵 心 6
一日に 1つの心 恵む知恵……恵子

●独語 Moment の翻訳語に哲学用語「契機」（けいき）がある。「物ごとの変化・発展・発生などをうながす本質的要素」の意味だが、日常的に「きっかけ」の意味に使われている。

【ケイ＝啓 掲 渓 蛍 敬】 64

啓 口8
戸をぼくは [攵] 口で「ひらけ！」と 啓示され……アリババ

[啓]

掲 扌8
十一日[キ] 匂うと掲げ 示して掲示……バルサン

[掲]

渓 氵8
みず・ノツめ[氵][四] 二人を谷へ 渓谷に……激流

[渓]
ケイコク
ケイリュウ

蛍 虫5
てんてんノ[こ][こ] ワの虫蛍 蛍光灯……蛍雪時代

[蛍]
むしほたる
ケイコウトウ
ケイセツジダイ

敬 攵8 6
サッと句を ぼくは敬い 敬愛す……小林一茶

[攵][敬]
うやま
ケイアイ
こばやしいっさ

● 「我と来て 遊べや親の ない雀」。サッと口をついてでるこの句も、小林一茶（1763〜1827）にとっては逆境の人生からしぼりだした「一句っ！」かも知れない。

【ケイ＝傾 携 継 慶 憩】

傾
イ 11
(Ich)
イっヒわれ あたま 傾け
[頁][傾]
聴き傾聴(ケイチョウ)
……考える人(ひと)

携
扌 10
[隹]
てにとりノ
[携]
3わ(さん)携え(たずさ) 行き(ゆ)携行(ケイコウ)
……手(て)のり文鳥(ブンチョウ)

継
糸 7
糸(いと)で米(こめ) たてよこに継ぐ
[一][二][継]
後継者(コウケイシャ)
……人間国宝(ニンゲンコクホウ)

慶
心 11
まーだれの
[亠]
ユーフと心(こころ) くタびれる
[子][夂][慶]
……慶應幼稚舎前にて(ケイオウヨウチシャマエ)

憩
心 12
舌自(した)(じ)ゆう
(自由)
[憩]
心(こころ)は憩い(いこ) 休み(やす)休憩(キュウケイ)
……女子更衣室(ジョシコウイシツ)

●「Ich」(イッヒ)は独語で「わたし」。部首〔頁〕(おおがい)は、部首〔貝〕(かいへん)と区別するためにつけた名称で「貝」とは無関係。人間の「あたま」を意味する。

【ケイ＝稽　警　鶏　ゲイ＝迎】

稽 [禾] 11

のぎはナシ｜ [こ] てんでヒ目だめ [稽] 寒稽古（カンゲイコ）　滑稽（こっけい）

警 [言] 12

サッと句（く）を [攵] [警] ぼくに言い告げ　警告す（ケイコク）　第一機動隊（だいいちきどうたい）

鶏 [鳥] 8

ノッている [鶏] 夫鶏（おっとにわとり）　卵鶏卵（たまごケイラン）　役割分担（やくわりぶんたん）

【ゲイ＝迎　鯨　ゲキ＝撃　激　ケツ＝決　傑　潔】

迎 [辶] 4

ノレフして [日] [迎] しんにゅう迎え（むか）　合わせ迎合（あゲイゴウ）　遊女（ゆうじょ）

●「鶏」の鳴き声はよく観察すると、ピヨピヨから成長するにしたがって、「コケッ→コケコ→コケコー→コケコッコ→コケコッコー」と変化するという（中里恒子『鶏の声』）。

【ゲイ＝鯨　ゲキ＝撃　激　ケツ＝決　傑】

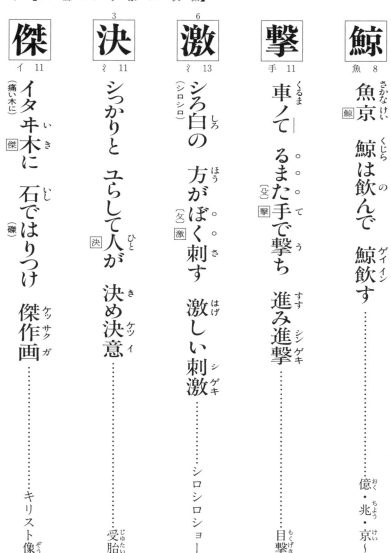

鯨 魚 8
魚京
鯨は飲んで　鯨飲す
………
億・兆・京〜

撃 手 11
車ノて｜るまた手で撃ち　進み進撃
………
目撃

激 氵 13
（シロシロ）
シロ白の方がぼく刺す　激しい刺激
………
シロシロショー

決 氵 11
シっかりと　ユらして人が　決め決意
………
受胎

傑 イ 11
（痛い木に）
イタキ木に　石ではりつけ　傑作画
………
キリスト像

● 「鯨」が飲んだ魚の数の京（ケイ）は兆（チョウ）の上の単位。日本最初の算術書『塵劫記』（吉田光由、1627年）によれば、京の上は垓（かい）、秭（し）、穣（じょう）とまだ続く。

【ケツ＝潔　ケン＝肩　倹　剣】

潔 ケツ 12 (四十二)

シ十二の刀を糸で　潔(いさぎよ)く
[潔] … 潔癖(ケッペキ)

【ケン＝肩　倹　剣　兼　拳　軒　険　牽　喧　圏　堅　検　嫌　遣　献　賢　謙　繭　顕　験　懸】

肩 月 4

一コ月　肩のしるしは　肩章(ケンショウ)だ
[肩] … 肩身(かたみ)が狭(せま)い

倹 イ 8

イいひとは　合(あ)わせる人(ひと)だ　倹約家(ケンヤクカ)
[倹] … 帳尻(ちょうじり)

剣 リ 8

合(あ)う人(ひと)リ　剣(つるぎ)あわせて　真剣勝負(シンケンショウブ)
[剣] … 巌流島(がんりゅうじま)

●「シロ」はストリップの陰語で「女性」。「シロシロショウ」とは女性2人のからむレズショウのこと。シロシロを「ヤレヤレ」と早合点して、1人興奮していた奴を思い出す。

【ケン＝兼 拳 軒 険 牽】

兼 ソ 8 (そいつ)
ソーヨく ＝ふたつ兼ねて 兼[兼]任ス……気兼ねせず

拳 手 6 (そいつ)
ソ一大手を拳にし 拳[拳]闘す……マイク・タイソン

軒 車 3
一日に 十干す軒に 一[軒]軒家……干し柿

険 阝 8 (31) [阝]
さんぴんに 合わせ人のめ 険[険]しいめ[目]……険悪

牽 牛 7 (外) [二]
けいさんを — くムワ牛なら 引き牽[牽]引……牽強附会

●「危険だと 保険のきかぬ 冒険家」。保険をよく "保倹" と誤るのは「倹約」して保険料を捻出するためか。「保つ」と「険しさ」で「保険」とは、ちょっと違和感がある。

【ケン＝喧 圏 堅 検 嫌】 70

喧 口9 (外)

口(くち)ウるさい

[喧] 一日(いちにち)一(いち)ど 喧嘩(ケンカ)する

喧喧囂囂(けんけんごうごう)

圏 □9

くに。ソ一(そいつ)
[□](そいつ)
[圏] 大(おお)きく己(おのれ) 内圏内(うちケンナイ)

国籍(こくせき)

堅 土9

臣(しん)フメば
[堅] 又(また)土(つち)堅(かた)く 固(かた)まり堅固(ケンゴ)

堅気(かたぎ)

検 木8 5

木(き)を合(あ)わせ
[検] 人(ひと)は印(しるし)を 検印(ケンイン)す

検査官(けんさかん)

嫌 女11

・・・・
くのいちが
[女] ソ一(そいつ)がヨ‖ニ
[嫌] 嫌(いや)嫌(きら)い

嫌悪感(ケンオカン)・不機嫌(フキゲン)

●「当用漢字表」(1946年)に95字を足して「常用漢字表」(81年)となるが「嫌」は足した字の1つ。── 「くのいちが ソ一(そいつ)ヨ‖(世に)でる ハれ(われ)嫌う……亭主」。

【ケン＝遣 献 賢 謙 繭】

遣 (辶 12)
中一ぼう(坊)[一](個々)。。。。。。ココにしんにゅう[辶]遣　遣わし派遣……使いに遣る

献 (犬 9)
南きょくの犬の献立　献身的……コック長

賢 (貝 9)
臣も又　目ハ賢くて[賢]　明るく賢明……ワトソン君

謙 (言 10)
言う(そつ)ソ一　ヨ＝ハできぬと[謙]　孫に謙遜……ワープロ

繭 (糸 12)
。。くさかぶせ[艹][口]　糸だす虫の[一][繭]　繭繭糸……お蚕さま

● 「言い兼ねて　謙(へりくだ)ること　謙遜だ」——謙遜しつつ、だが、結局は譲らないで自分の立場を押し通す人もいる。だから"謙遜の美徳"と言わず「謙譲の美徳」か。

【ケン＝顕 験 懸　ゲン＝幻】

顕 (頁9)

日＝ソ一(そいつ)

・・・あたま現し

[頁][顕]

顕現す(ケンゲン)

……変態モグラ(へんたい)

験 (馬8)

馬が合い(うま あ)

[験] 人の体で(ひと からだ) 初体験(ハツタイケン)

……霊験あらたか(レイゲン)

懸 (心16)

県ノ糸(けん いと)
(意図)

[懸] 心に懸けて(こころ か) 一所懸命(イッショケンメイ)
(国体選手)

……懸念(ケネン)

【ゲン＝幻 玄 弦 限 現 減 厳】

幻 (玄1)

くムとフと

[幻] はねる幻(まぼろし)　聴く幻聴(き ゲンチョウ)

……座禅(ざぜん)

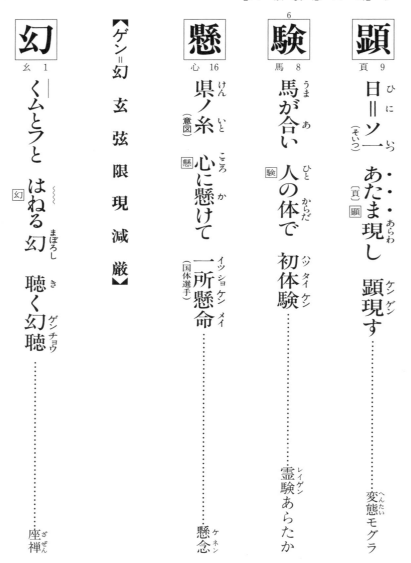

●国語学者の間では「語源と他人(ひと)の女房には手をだすな」という戒めがあるそうだ。深入りして身を滅ぼすな、との教訓だろう。「馬が合う」とは一体どういうことなのか？。

【ゲン＝玄 弦 限 現 減】

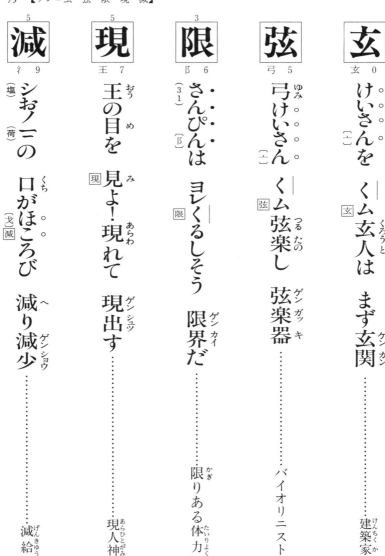

●「玄人」は「素人」（しろうと）の反対で、その道の専門家。苦労人→くろうと→黒人→玄人か。あまりうまくいっては「玄人はだし」。専門家が裸足で逃げだしてしまう。

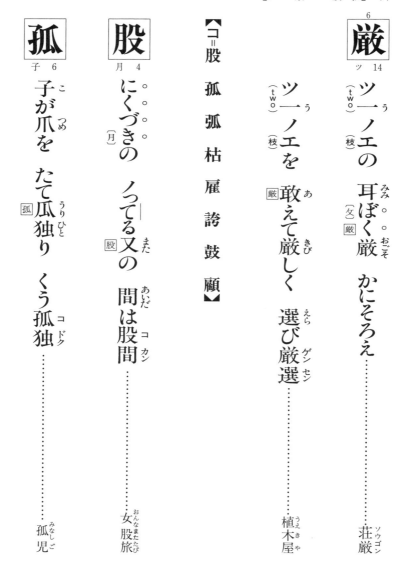

【ゲン＝厳　コ＝股 孤】74

【コ＝股 孤弧枯雇誇鼓顧】

厳 ツ 14
ツ一ノエの（two）　耳ぼく厳（枝）（攵）（厳）かにそろえ……荘厳（ソウゴン）

ツ一ノエを（two）　敢えて厳しく（枝）（厳）選び厳選（ゲンセン）……植木屋（うえきや）

股 月 4
にくづきの（月）　ノってる又の（股）間は股間（コカン）……女股旅（おんなまたたび）

孤 子 6
子が爪を（こ）（つめ）　たて瓜独り（孤）（うりひと）くう孤独（コドク）……孤児（みなしご）

●「爪」と「瓜」の違いは「瓜（うり）にツメあり、爪（つめ）にツメなし」。桜の旧字体「櫻」は――「木（気）がへん（偏）に　貝貝（にかい）の女　櫻みて」はどうだろう。

【コ＝弧 枯 雇 誇 鼓】

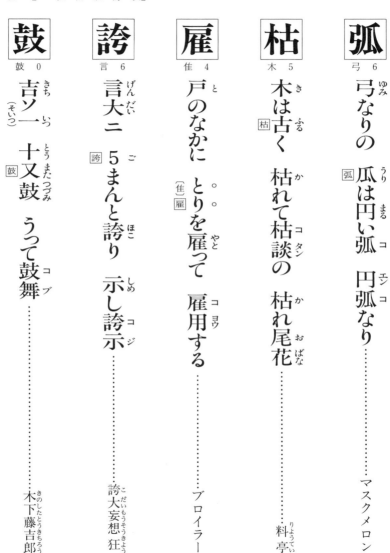

弧 弓6
弓なりの
[弧]瓜は円い弧　円弧なり　コ　エンコ
……マスクメロン

枯 木5
木は古く
[枯]枯れて枯談の　枯れ尾花　コ　タン　かおばな
……料亭　りょうてい

雇 隹4
戸のなかに
[雇]とりを雇って　雇用する　コ　ヨウ　やと
……ブロイラー

誇 言6
言大ニ
[誇]5まんと誇り　示し誇示　ゲンダイ　ゴ　ほこ　しめ　コジ
……誇大妄想狂　こだいもうそうきょう

鼓 鼓0
吉ソ一
[鼓]十又鼓　うって鼓舞　きち　そいつ　トウマタつづみ　コブ
……木下藤吉郎　きのしたとうきちろう

●「五万とある」といえば「数多くあること」の形容。諸橋轍次（もろはし・てつじ）の『大漢和辞典』全13巻（1960年に完結）には親文字が、94,964字、「五万」と漢字がある。

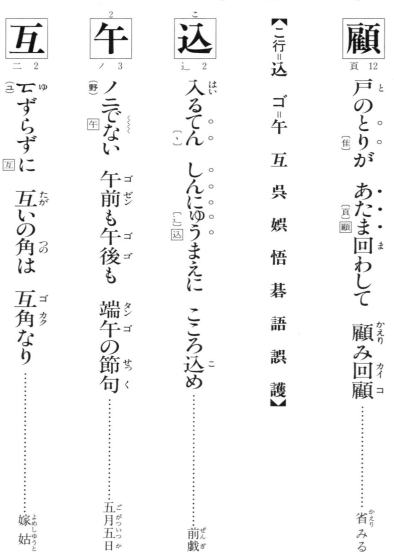

【コ＝顧　こ行＝込　ゴ＝午　互】 76

顧 頁12
戸(と)のとりが あたま回(ま)わして 顧(かえ)み回顧(カイコ)
[隹][頁][顧]
……省(かえり)みる

【こ行＝込　ゴ＝午　互　呉　娯　悟　碁　語　誤　護】

込 込2
入(はい)るてん。。。。。 しんにゅうまえに こころ込(こ)め
[こ][こ][込]
……前戯(ぜんぎ)

午 ノ3
ノニでない　午前(ゴゼン)も午後(ゴゴ)も　端午(タンゴ)の節句(せっく)
[野][午]
……五月五日(ごがついつか)

互 ニ2
乙(ユ)ずらずに　互(たが)いの角(つの)は　互角(ゴカク)なり
[ユ][互]
……嫁姑(よめしゅうと)

●「かえりみる」に同訓異字「顧みる」と「省みる」がある。「顧みる」は後ろをふり返って見る、過去を顧る。「省みる」は自分の行いについてよく考えてみる、自らを省みる。

【ゴ＝呉 娯 悟 碁 語】

呉 口 4
口(くち)たてに
ユすりいっぱい
[呉] 呉服商(ゴフクショウ)
……御世辞(おせじ)

娯 女 7
おんな口(くち)
[女]
たてにユすって
いっぱい娯楽(ゴラク)
[娯]
……井戸端会議(いどばたかいぎ)

悟 忄 7
小(ちい)さいと
五〇で吾(われ)は
悟(さと)って覚悟(カクゴ)
[悟]
……金玉(きんぎょく)

碁 石 8
サと二(ふた)つ
一八(いっぱい)石(いし)を
おく碁盤(ゴバン)
[碁]
……碁会所(ごかいしょ)

語 言 7
言(い)う五(い)つ
口(くち)で語(かた)るは
語呂(ゴロ)あわせ
[語]
……物語(ものがたり)

● 「吾」(ゴ)は一人称の自称「吾」(われ)の意味。〔忄〕(りっしんべん)、心と「吾」で「われ」が「悟(さと)る」。〔言〕(ごんべん)、言うと「吾」で「われ」が「語(かた)る」。

【ゴ＝誤 護 コウ＝孔 功】

誤 [言7]

言う口を たてにュすって いっ八い誤解

[誤 ゴカイ]

誤り あやま

護 [言13]

言サっと げん
。。
とり 又護る また まも
[隹 護]
弁護人 ベンゴニン

法廷闘争 ほうていとうそう

孔 [子1]

子にしたがえ こ
[孔]
孔子のおしえ コウシ
『論語』なり ろんご
……老いては〜 お

【コウ＝
孔功巧甲交光江考更坑孝抗攻効
幸拘肯肴侯恒洪荒郊香候貢控喉
慌港硬絞項溝構綱酵稿衡鋼講購】

功 [力3]

「エ力ったな！」 か
[功]
功なり名とぐ 功たて……
コウ な いさお

功徳 クドク

●「老いては子にしたがえ」の教訓は、いかにも儒教的で孔子の『論語』ありそうだが、出典はインドの人、竜樹（りゅうじゅ）の仏教書『大智度論』（3世紀前半）である。

【コウ＝巧 甲 交 光 江】

巧　エ 2
エの一つ　まげる巧みな　技技巧 ……盆栽

甲　日 1
日がのびて　甲板にでて　甲羅干し ……豪華客船

交　亠 4
六つメは　交わる点だ　交差点 ……交通安全

光　儿 4
たつソ一　ノびるしっかり　光る光線 ……光

江　氵 3
みずたくみ　入り江のおおい　揚子江 ……黄河

●「人間五十年、下天（かてん）のうちを比ぶれば、夢（ゆめ）幻（まぼろし）のごとなり。ひとたび生（しょう）を受け、滅せぬもののあるべきか」『舞の本』「敦盛」の一節。

【コウ＝考 更 坑 孝 抗】 80

考 耂 2
おい5じゅう [耂]
考え 思い 思考する
かんが おも シ コウ
織田信長
おだのぶなが

更 一 6
一日ノび [更]
いちにち
更に新たに 更け更新
さら あら ふ コウ シン
不眠症
ふみんしょう

坑 土 4
土けいさん [土]
つち
かぜの道ほる [几][坑]
みち
坑道を
コウ ドウ
炭坑
たんこう

孝 子 4
おいた子が [耂]
こ
親へ行う 親孝行
おや おこな おや コウ コウ
高齢化社会
こうれいかしゃかい

抗 扌 4
てでけいさん [扌]
[一]
かぜと戦い [几][坑]
たたか
抗戦す
コウ セン
流線形
りゅうせんけい

●「常用漢字音訓表」の「あな」は「穴」だけだが、「穴」は底があるあな（墓穴）、他のあなたに「孔」はつきぬけになっているあな（鼻孔）、「坑」は土の中を掘ったあな（炭坑）。

【コウ＝攻 効 幸 拘 肯】

攻 (攵 3)

「エィ！」とぼく。
[攵][攻] 攻めいり撃って 攻撃す コウゲキ

……決断力 けつだんりょく

効 (力 6)

六つメは
[効] 力があって 効く効果 ちから キ コウカ

……催眠薬 さいみんやく

幸 (土 5)

十一で
[土] ソ一は十の
[幸] 幸幸い サチ サイワ

……幸せで幸福 しあわ コウフク

拘 (扌 5)

[扌] てでもん句 く
[拘] 泥に拘り 拘泥す どろ こだわ コウデイ

……自転車のハネ じてんしゃ

肯 (月 4)

止める月 と つき
[肯] 首で首肯き 首肯する くび うなず シュコウ

……ガス代未払 だい みはら

●部首〔攵〕（ぼくづくり）は、「手に木の棒を持って打つ形をあらわした字」で「広く動作を示す記号として使う」。本書では〔攵〕を「ぼく」として「僕」の意味で使っている。

【コウ＝肴 侯 恒 洪 荒】

肴 月4
（目）
メが有れば 酒の肴だ 酒肴なり
〖肴〗
……目刺し

侯 イ7
イいユみ矢 もつ侯爵は かぞくなり
〖侯〗
（華族）
公・侯・伯・子・男

恒 忄6
小さいが 一日一ど たつ恒例
〖恒〗
……朝立

洪 氵6
みずサっと 一八いになり 大洪水
〖洪〗
……ノアの方舟

荒 艹6
。くさも亡く 川しも荒れて 野は荒野
〖荒〗
……荒荒しい

●「朝立」は英語で morning hard on,「夕立」は shower. 前者は生理現象だが、後者は自然現象。どちらも懐しく想い出すむきがある。「けいさんし　ソー立たせる　立派なり」。

【コウ＝郊 香 候 貢 控】

郊 ［阝6］〔阝〕
六どメは　さんぴん外の　郊外へ　引っ越し

香 ［香0］〔禾〕
のぎが日に　香る芳し　香芳香　香車

候 ［イ8］〔イ〕
ひと1り　ユミ矢とおのを　下げ斥候　となり候

貢 ［貝3］〔貝〕
エつ目ハ　年貢で貢ぎ　貢献す　初物

控 ［扌8］〔扌〕
てにウちわ　ハエおいまわす　控え室　控訴

●「候補者が　天候きにす　兆候（ちょうこう）が……投票日前日」。若さが売り物の新人にとって、暴風雨では浮動票の獲得が見込めない。やきもきしながら天を睨むのである。

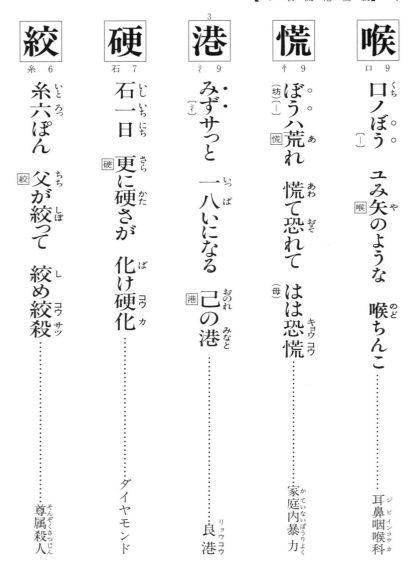

【コウ＝喉 慌 港 硬 絞】

喉 口9
口ノぼう。
[一]
[喉] ユミ矢のような 喉（のど）ちんこ……耳鼻咽喉科（ジビインコウカ）

慌 忄9
(忙)[一] ぼう。
[慌] ぼう荒（あ）れ 慌（あわ）て恐（おそ）れて
(母) はは恐慌（キョウコウ）……家庭内暴力（かていないぼうりょく）

港 氵9 ³
みずさっと
[氵]
一八いになる
[港] 己（おのれ）の港（みなと）……良港（リョウコウ）

硬 石7
石一日（いちにち）
[硬] 更（さら）に硬（かた）さが 化け硬化（コウカ）……ダイヤモンド

絞 糸6
糸六（いとろく）ぽん
[絞] 父（ちち）が絞（しぼ）って 絞（し）め絞殺（コウサツ）……尊属殺人（そんぞくさつじん）

●「ちんこ」は男根の幼児語だが「喉ちんこ」は「口蓋垂」（こうがいすい）の俗称。男女ともに垂れ下がり、炎症をおこせばまっ赤に腫れる。ただのちんこは炎症せずに腫れる。

【コウ＝項 溝 構 綱 酵】

項
頁 3
工頁 あたまに項　目の項目（コウモク）
〔頁〕
……解剖図

溝
氵 10
みず・サッと 二かい再び　溝溝渠（みぞコウキョ）
〔溝〕
……ドブ掃除

構
木 10
木をサッと 二かい再び　構え構築（かまコウチク）
〔構〕
……砦（とりで）

綱
糸 8
糸まきの ソ一の山を 綱大綱（つなタイコウ）
〔綱〕
……綱紀粛正（こうきしゅくせい）

酵
酉 7
西ニおい（匂）（孝）　子がすきなパン　酵母菌（コウボキン）
〔酵〕
……フランスパン

●「世界恐慌」（1929〜33年）は、ニューヨークの株式市場（ウォール街）の「株価の大暴落」から始まる（29年10月24日「暗黒の木曜日」）。欧米の失業者は3000万人をこえる。

【コウ＝稿 衡 鋼 講 購】

稿
禾 10
のぎへんを〔禾〕
[稿] 高(たか)だかつめる
原稿料(ゲン コウ リョウ)
…流行作家(りゅうこうさっか)

衡
行 10
ぎょうがまえ〔行〕
(くたびれ) ク田びれ一人(たびれ ひとり)
[衡] 平(たい)ら平衡(ヘイ コウ)
…案山子(かかし)

鋼 6
金 8
金(かね)をまき〔口〕
ソ一(そいつ)は山(やま)の
[鋼] 鋼(はがね)鋼鉄(コウ テツ)
…日本鋼管(にほんこうかん)

講
言 10
言(げん)サっと
二(に)かい再(ふた)び
[講] 講義(コウ ギ)する
…名物講師(めいぶつこうし)

購
貝 10
貝(かい)サっと
二(に)かい再(ふた)び
[購] 購(あがな)い購入(コウ ニュウ)
…一目惚(ひとめぼ)れ

●部首〔頁〕（おおがい）はなぜ「ページ」（page）なのか。①数の意味の「員」と形が似ていたから、②近代中国語の「葉」（ヨウ、数える言葉）と発音が同じだからとの説がある。

【ゴウ＝拷 剛 傲 豪】

拷 〔扌〕6
てでおいた。
[扌][考]
[拷] 5にんたたいて 問い拷問
憲法第36条
（けんぽうだい36じょう）（ご）（と）（ゴウモン）

剛 〔リ〕8
岡＝たち はねる健やか 剛健だ
[丨][剛]
（おかに）（すこ）（ゴウケン）
トレーニング

傲 〔イ〕11
・・ひと土方 ぼくは傲って 傲慢に
[イ][攵][傲]
（ど かた）（おご）（ゴウ マン）
反省（はんせい）

豪 〔豕〕7
。。けいさんし 口ワぶたなり 豪州産
[一][口][豕][豪]
（くち）（ゴウシュウサン）
倹約（けんやく）

● 『日本国憲法』（1947年5月3日施行）の「第3章—国民の権利及び義務、第36条」に次のように明記されている。「公務員による拷問及び残虐な刑罰は、絶対にこれを禁ずる」。

【コク＝克 刻 穀 酷　ゴク＝獄　コツ＝惚】

克 （ル 5）
十の兄　己に克つと　克己心
…克服

刻 （リ 6）
けいさんし―くノウする人　りっとうで
（一）（苦悩）
…刻み　彫刻

穀 （禾 9）
さむらいワ　のぎをるまたで　とり穀倉
（士）（禾）（殳）
…五穀豊穣

酷 （酉 7）
西ニ告ぐ　残れば酷い　残酷さ
…徳川家康

●江戸時代の狂歌に「織田がこね　羽柴がつきし　天下餅　寝ているままに　食うが徳川」とあるが、家康が餅を食うには「関ヶ原の戦い」「大阪夏の陣」での勝利が必要であった。

【ゴク＝獄　コツ＝惚　コン＝昏　昆】

【コン＝昏 昆 恨 根 婚 混 梱 紺 魂 墾 懇　ゴン＝勤】

獄 ケモノへん 11

けものの言う　大きな犬が　[獄]獄にいる……牢獄(ろうごく)

惚 りっしんべん 8 外

ぼう［亡］ハ勿ろん　[惚]心も惚れて　惚け恍惚……有吉佐和子(ありよしさわこ)

昏 日 4 外

氏(うじ)その日　目が垂れねむり　[睡]昏睡状態(こんすいじょうたい)……黄昏(たそがれ)

昆 日 4

日にヒラり　[昆]ヒラりひらりと　虫昆虫(こんちゅう)……蝶(ちょう)

● 「恍惚」とは「美しさにうっとりと我を忘れる」ことだが、有吉佐和子の老年痴呆症を扱う小説『恍惚の人』（1972年）では「耄碌」（もうろく）の婉曲表現として用いられた。

【コン＝恨 根 婚 混 梱】 90

恨 忄6
ぼうハヨレ。
[一]
[恨] くるしく恨む
痛恨事
……淋病

根 木6 ③
木はヨレて
[根] くるしい根本
根本が
樹齢千年

婚 女8
くのいちが
[女] 氏とその日に
[婚] 婚約す
婚前交渉

混 氵8 ⑤
シっかりと
日比混じわる
[混] 混血児
マニラ歓楽街

梱 木7 外
木でかこみ
[口] 木でしめ包み
[二][梱] 梱包す
運送屋

● 「昆」の下の「比」は「一とレとヒ」の４画、「上とヒ」の５画ではない。「比」は明朝活字体のデザインされた書体で、教科書体（書くときの手本）の字体「比」とは異なる。

【コン＝紺 魂 墾 懇　ゴン＝勤】

紺 糸 5
糸甘い　[紺]紺いろのふく　セーラー服……紺青(こんじょう)

魂 鬼 4
云まりと　[魂]鬼(おに)の魂(たましい)　闘魂(トウコン)だ……アントニオ猪木(いのき)

墾 土 13
むじなヨレ　[豸]—くるしく土(つち)を　開(ひら)き開墾(カイコン)……鋤(すき)と犁(すき)

懇 心 13
むじなヨレ　[豸]—くくっとわらい　[懇]心懇(こころねんご)ろ……懇親会(コンシンカイ)

勤 力 10 ⁶
サッと口(くち)　つきだし王(おう)が　[一]　[勤]力(りき)み勤行(ゴンギョウ)……勤(つと)め勤勉(キンベン)

●「日比」の「比」は比律賓(フィリピン)の略字。「米」は亜米利加(アメリカ)、「英」は英吉利(イギリス)、「印」は印度(インド)、「仏」は仏蘭西(フランス)の略字。

【サ=佐 茶 査 唆 詐 鎖 さ行=咲 崎 ザ=座】

サ

佐 イ5
ひと・・[イ] [佐]
ナエる
佐幕派やぶれ 尊王攘夷
徳川慶喜

茶 ⺾6
サっとひと。[人] [茶]
ホテルの茶店 お茶をのむ
逢い引き

査 木5
木の目でて[芽] [査]
いるかどうかを 査察する
林野庁

唆 口7
口ムすぶ ルるクタびれる[冬] [唆]
唆し
教唆罪

●「徳川慶喜」は江戸幕府15代、最後の将軍。生年1837年、没年1913年。「天保、弘化、嘉永、安政、万延、文久、元治、慶応、明治、大正」を目まぐるしく生きたことになる。

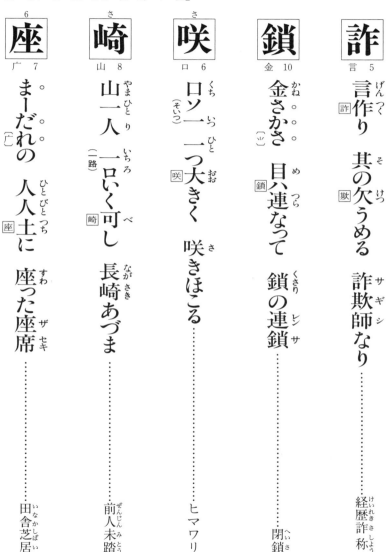

● 「連鎖」の鎖は名詞「くさり」で、「連」が「鎖」を修飾する熟語（連なる鎖）。「閉鎖」の鎖は動詞「とじる」で、意味の似通った文字「閉じる」を重ねてつくった熟語。

【サイ＝災 妻 砕 宰
載 際 ザイ＝剤 罪】

【災】火 3
――
――
くるくると くる火災い 災害だ
……江戸の華

【妻】女 5
「ヨたて！」 くのいちの妻 妻女いう
……荒行

【砕】石 4
石九十 砕いて粉に 粉砕す
……粉骨砕身

【宰】宀 7
ウえに立ち 十ても辛そう 宰相は
……連立政権

● 「ヨ」は縦につらぬく画があれば中棒を右にだす「ヨ」、という原則がある（君・書・争）。
「くのいち」は女の忍者。期待にこたえるべく荒行にとりくむ夫も、また忍者なのか。

【サイ＝栽 財 彩 採 祭】

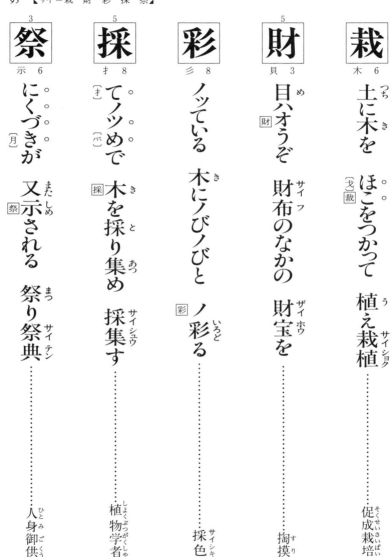

栽
木 6
土に木を ほこをつかって 〔戈〕栽
つち き
植え栽植
サイショク
……促成栽培
そくせいさいばい

財
貝 3
目ハオうぞ 財布のなかの
め 財
サイフ
財宝を
ザイホウ
……掏摸
すり

彩
彡 8
ノッている 木にノびノびと 彩
き
ノ彩る
いろど
……採色
サイシキ

採
扌 8
てノツめで 〔爫〕 採木を採り集め
き と あつ
採集す
サイシュウ
……植物学者
しょくぶつがくしゃ

祭
示 6
にくづきが 〔月〕又示される
また しめ 祭
祭り祭典
まつ サイテン
……人身御供
ひとみごくう

●部首〔彡〕（さんづくり）は「美しく光のさすかたち」で、これを部首とする常用漢字は、「形・彩・彫・彰・影」の５つである。人名用漢字に「彦・彪・彬」の３つがある。

【サイ＝斎 裁 債 催 歳】

斎　斉3
文ノ二を 小さくたてに 書く書斎
〔一〕斎
ぶん・に・ちい・か・ショサイ
……書道家

裁　衣6
土いろの 衣をほこで 裁ち裁断
〔戈〕裁
つち・ころも・た・サイダン
……裁く

債　イ11
ひと十二ん 目ハ責めたてる 債権者
〔イ〕（十八）〔債〕
じゅう・め・せ・サイケンシャ
……不渡手形

催　イ11
ひと山で とりの催し 開き開催
〔イ〕〔隹〕〔催〕
やま・もよお・ひら・カイサイ
……バードウォッチング

歳　止9
トトノえた さかさ二示す ほこで歳月
〔戈〕〔歳〕
しめ・サイゲツ
……古代遺跡

●債務者を罵声で責めたてていた「債権者」も疲れはて、目で責めるばかりとなる。運悪く連鎖倒産をしかねない連中は明日のわが身を思い、やがて目もうつろとなるのである。

97 【サイ＝載 際　ザイ＝剤　罪】

載 [車] 6
[士][戈][載]
十一(じゅういち)の 車(くるま)にほこを 載(の)せ満載(マンサイ)
……戦闘準備(せんとうじゅんび)

歳末(サイマツ)に 歳暮(セイボ)をくばる 二十歳(はたち)の子(こ)
……歳時記(さいじき)

際 [阝] 11
(3 1)[阝]
さんぴんは 祭(まつ)りの際(サイ)に 際立(きわだ)った
……実際(じっさい)

剤 [刂] 8
[亠][刂][剤]
けいさんし メの二(に)をたて＝ はね薬剤(ヤクザイ)
……漢方薬(かんぽうやく)

罪 [罒] 8
(死)[罪]
四(し)に非(あら)ず 罪(つみ)流(なが)される 流罪(ルザイ)なり
……日蓮(にちれん)

●「四」に非ず〔罒〕（あみがしら）。「日蓮」は蒙古襲来を予言する『立正安国論』（1260年)を著し伊豆へ流罪、赦免後、竜の口(71年)で断罪されかかったが、佐渡へ再び流罪。

【サク＝削 朔 索 酢 搾 錯】

削 リ 7
[一]
たつ ソい ツ
にくりっとうで
[月] [リ][削]
削りとる
削除（サクジョ）

朔 月 6 （外）
ソ(сい)一 山ノ
(いつやま)
[朔]『月に吠える』は
(つきほ)
朔太郎（サクタロウ）
萩原朔太郎（はぎわらさくたろう）

索 糸 4
十ワクム
(とう)
[索] 小さな思い
(ちいおも)
思索なり
(シサク)
腕組み（うでぐみ）

酢 酉 5
さけのケが
[酉]
二つぬければ
(ふた)
酢酸（サクサン）
(す)
調味料（ちょうみりょう）

●『月に吠える』（大正6年）——「ますぐなるもの地面に生え、／するどき青きもの地面に生え、／凍れる冬をつらぬきて、／そのみどり葉光る朝の空路に、／なみだたれ……」。

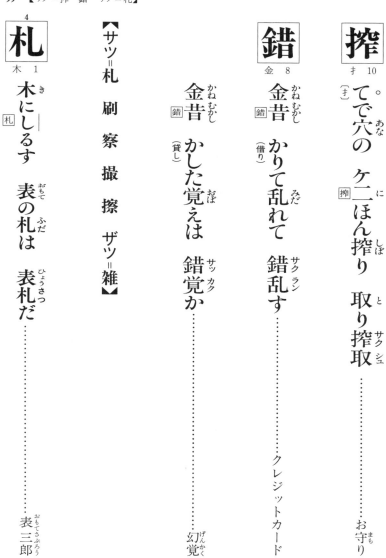

搾 扌 10

てで穴の ケニほん搾り 取り搾取[サクシュ]……お守[まも]り

[搾]て

錯 金 8

金昔[かねむかし] かりて乱[みだ]れて 錯乱[サクラン]す……クレジットカード

[錯]借り

金昔[かねむかし] かした覚[おぼ]えは 錯覚[サッカク]か……幻覚[げんかく]

[錯]貸し

【サツ＝札 刷 察 撮 擦 ザツ＝雑】

札 木 1

木[き]にしるす 表[おもて]の札[ふだ]は 表札[ひょうさつ]だ……表三郎[おもてさぶろう]

[札]木

●「搾取」とは支配階級と被支配階級の存在を前提とした概念。ソ連邦（1917年）は「搾取なき社会」を目指したが、その実験もその突然の消滅（1989年）とともに幕を閉じた。

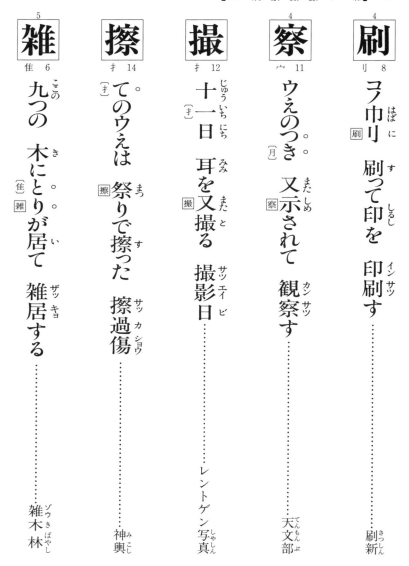

【サン＝桟 蚕 惨 産 傘 散 算 賛 餐 ザン＝残 斬 暫 竄】

桟 木 6
木三ぼん 〔戈〕〔桟〕
ほこできりだし 桟橋に（さんばし）
天井桟敷（てんじょうさじき）

蚕 虫 6
天の虫（てんのむし）〔蚕〕
蚕養う（かいこやしなう） 養蚕業（ヨウサンギョウ）
蚕糸試験場（さんししけんじょう）

惨 忄 8
ぼうハムり 〔坊〕〔亠〕
一人さんざん（ひとり）〔氵〕〔惨〕
惨め惨劇（みじめサンゲキ）
惨殺（ザンサツ）

産 生 6
立ノなら（たつノ）
生きて産まれる（いきてうまれる）〔産〕
出産だ（シュッサン）
馬の産声（うまのうぶごえ）

●「桟」の中にどういう字が隠れているか。まず「木」「三」そして部首の〔弋〕（しきがまえ）、それにノを加えれば部首〔戈〕（ほこづくり）があらわれて「桟」となる。

【サン＝傘 散 算 贅】

傘 人 10
ひと。。
[人]
ひと人が
(人人人)
[傘]
さん十傘の 下傘下
じゅうがさ／サンカ／した
………落下傘部隊
らっかさんぶたい

散 攴 8
サと一つ
ひと
。。。
[月][攴][散]
にくづきぼくは 散らす散散
ち／サンザン
………散弾銃
さんだんじゅう

サと一月
ひと／つき
(一突き)
[攴][散][敵]
ぼくてき散らし 分け分散
ち／わ／ブンサン
………剣士
けんし

算 竹 8
竹の目を
たけ／め
(芽)
[算]
サッと目でみて 目算す
め／モクサン
………竹の子採り
たけのこと

贅 貝 8
二人して
ふたり
夫れ夫れの貝
それぞれ／かい
[贅]
贅美する
サンビ
………スワッピング

●「賛」は常用漢字で「讃」は表外字。そこで「讃」（美点をほめる）を使った熟語は「賛」に「書きかえ」て、賛美・賛辞・賛嘆・賛歌・自賛・称賛となるが、あまり「賛成」できない。

【サン＝餐　ザン＝残　斬　暫　竄】

餐 （外）
食 7

トタン又
[餐] 食べる晩くる　晩餐会（バンサンカイ）
……外交官（がいこうかん）

残 4
歹 6

(板さん) 一タ三が（さん）
[戋][残] ほこれぬ残る（の）　飯残飯（めしザンパン）
……宴会場（えんかいじょう）

斬
斤 7

一日十（いちにちとう）
[斤][斬] おので首斬る（くび）　斬首役（ザンシュヤク）
……小塚原（こづかっぱら）

暫
日 11

車おの。（くるま）
[斤] 斬る日暫く（き）（ひ）（しばら）
[暫] 暫時まて（ザンジ）
……暫定措置（ざんていそち）

竄 （外）
穴 13

穴と臼（あな）（うす）
レヒレヒレかき
[竄] 改竄す（カイザン）
……訂正（ていせい）

● 「小塚原」は江戸の千住にあった死刑場。杉田玄白・前野良沢が『ターヘルアナトミア』
を持参し、罪人の腑分け（解剖）に立ち会い、その解剖図の正確さに驚いたのは有名な話。

【シ＝司　旨　伺　刺　始　肢　枝　祉　姿　屍　施　脂　紫　嗣　嗜　雌　誌　賜　諮】

司 ロ2

よこたてに はねて一口 司直なり
[一] [｜] [司]
（ひとくち）（シチョク）
……裁判官（さいばんかん）

旨 七4

ヒ日旨い しるすう旨を 趣旨とする
[旨]
（うま）（むね）（シュシ）
……怠け者（なまもの）

伺 イ5

ひと司ちょく そっと伺い 伺察する
[イ][伺]（司直）
（し）（うかが）（シサツ）
……進退伺い（しんたいうかがい）

刺 リ6

一ワはね 木のりっとうで 刺し刺殺
[一][羽][｜] [木] [リ][刺]
（いち）（は）（き）（さ）（シサツ）
……刺客（しかく）

●同音でも「橋」と「箸」と「端」なら混乱しないが「追及・追求・追究」では少し混乱し「保証・保障・補償」では大いに混乱する。「趣旨」には、同音に「主旨」がある。

【シ＝始 肢 枝 祉】

始 [女] 5

くのいちの [女] ム口始まる [始] 口(くち)始(はじ)まる 始終(シジュウ)なり

不機嫌(ふきげん)

（肢の左側）
くのいちの [女] ム口が動いて 始まる始動 口(うご)いて 始(はじ)まる始動(シドウ)

陣痛(じんつう)

肢 [月] 4

にくづきを [月] 十ぶん又は 支える肢体 十(じゅう)ぶん又(また)は 支(ささ)える肢体(シタイ)

大根足(だいこんあし)

枝 [木] 4

木は十の [枝] 又の枝あり 枝垂れてる 木(き)は十(とお)の 又(また)の枝(えだ)あり 枝垂(シだ)れてる

枝葉末節(しようまっせつ)

祉 [ネ] 4

しめすへん [ネ] ネが止まれば さいわいだ [根] ネが止(と)まれば さいわいだ

福祉(フクシ)

●「機嫌」の語源は？「機（はた）織り」は辛い仕事なので嫌われ、その話になると女は「不」（ぶ）っとなり「不機嫌」になった。──仏教語「譏嫌」（きげん）がその起源。

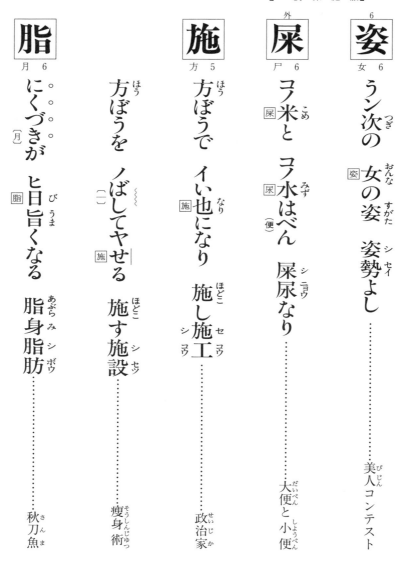

●飲み屋の壁に「油ののってる秋刀魚、旨いよ！」とあった。「あぶら」に二つ。油は「火をつけると燃える液体」、脂は「肉につく白いあぶら身」。脂粉ののった脂身が最高だ。

107 【シ＝紫 嗣 嗜 雌】

紫 (糸5)

此[こ]の糸[いと]は [紫]紫[むらさき]の糸[いと] 甘[あま]くて紫紺[シコン][紺]

……紫陽花[あじさい]

にくづきが[月] ヒ日方[ぼう]に 脂[あぶら]身[み] 脂肪[シボウ][脂][肪]

……熟女[じゅくじょ]

嗣 (口10)

口[くち]でいう いっ冊[さつ]でない 司[し]ちょくいう[嗣]（司直）

……嗣君[シクン]が万引[まんびき]

嗜 (口10) 外

口[くち]がおい[耂] ヒ日に嗜[たしな]む[嗜] 嗜好品[シコウヒン]

……干[ほ]し葡萄[ぶどう]

雌 (隹5)

此[こ]のとり[隹]は[雌] 雌[めす]なり伏[ふ]して 雌伏[シフク]する

……雄飛[ゆうひ]

● 「雌伏」の反対語は「雄飛」。フェミニスト（男女同権論者）には許すことのできない熟語だろう。しかし、伏せずして飛ぶことはできない。「雌伏即雄飛、雄飛即雌伏」なのだ。

【シ＝誌 賜 諮】 108

此のとり
此（こ）のとりが 雌（めす）か雄（おす）かを 雌雄鑑別（シュウカンベツ）
……名人芸（めいじんげい）

誌 7 言
言（い）うさむらい〔士〕 〖誌〗志（こころざし）もち 誌上（シジョウ）にて
……公開討論（こうかいとうろん）

賜 8 貝
目（め）ハ曰（いわ）く 〖賜〗勿（もち）ろん賜（たまわ）る 賜杯（シハイ）なり
……天皇賞（てんのうしょう）

諮 9 言
言（げん）次（つぎ）つぎ 〖諮〗口（くち）にし諮（はか）る 諮問会（シモンカイ）
……謀諮図量計測（ぼうしとりょうけいそく）

▲し行＝芝 ジ＝似
侍 峙 時 痔 滋 慈 辞 磁 璽▼

●「はかる」の同訓異字は６つ。「悪事を謀る」、「会議に諮る」、「便宜を図る」、「目方を量る・推し量る」「時計を計る・特別の計らい」、「面積を測る・能力を測る」などなど。

【し行＝芝 ジ＝似 侍 峙 時】

芝 ++ 3
サえないが 芝生にすわり 村芝居 ひと芝居うつ

似 イ 5
イーンだと 人によく似た 類似品 画商

侍 イ 6
イい寺に 侍がすむ 侍従長 侍る侍女

峙 山 6 外
山寺で 対でふたりが 対峙する 決闘

時 日 6 2
日が土寸 どすんと時が 時間たつ 時時刻刻

●「痔」とは直腸下部、肛門に生ずる病で「痔核・痔裂・痔瘻」にわけられる。痔核とは俗に疣痔（いぼじ）、痔裂とは俗に切れ痔、痔瘻とは穴痔・蓮痔ともいい難治である。

【ジ＝痔 滋 慈 辞 磁】

痔 (外) 疒 6
やまいだれ
[亡]
土寸と穴の あく穴痔
[痔]
……痔瘻

滋 氵 9
みずソ（氵）（そいつ）
くムくム育て 滋育する
[滋]
……水田

慈 心 9
ソ（そいつ）
くム くム心あり 慈しむ
[慈]
……慈母観音

辞 辛 6
舌が立つ
十さん辞めて 辞職する
[辞]（父さん）
……辞書編纂

磁 石 9
石ソ（そいつ）
くムくム力 磁力あり
[磁]
……磁石

● " The prince and The pauper " (Mark Twain).「戴冠式」の当日、王子になった乞食にかわって、乞食姿の王子が即位できるかどうかの重要な場面で「玉璽」が使われる。

111 【ジ＝璽　ジク＝軸　シツ＝叱　疾】

【ジク＝軸　シツ＝叱　疾執湿嫉漆膝質】

璽
玉 14

一(いち)八(ぱ)の　雨玉(あめだま)のある　玉玉(たまギョク)璽(ジ)

［璽］

……『王子(おうじ)と乞食(こじき)』

軸
車 5

一日十(いちにちじゅう)　油(あぶら)を車(くるま)の　軸(ジク)にさす

［軸］

……単純労働(たんじゅんろうどう)

叱
口 2

口(くち)からヒ　叱(しか)って叱咤(シッタ)　激励(げきれい)す

［叱］

……甲子園九回二死満塁(こうしえんきゅうかいにしまんるい)

疾
疒 5

やまいの矢(や)　口(くち)の中(なか)さし　心疾患(こころシッカン)

［疾］〔亡〕〔患〕

……躁鬱病(そううつびょう)

●部首〔疒〕（やまいだれ）は沢山の漢字を包み込んでいる。丙・正・皮・豆・知・利など。「疾病」は読み方に注意。藪医者にかかると、なおる病気もなおらずに「しっぺい」する。

【シツ＝執 湿 嫉 漆】

漆 氵11
シめる木で ひとがしたみず [人][水][漆] 漆とる
漆器（シッキ）

嫉 女10
くのいちの [女][亡][嫉] やまい矢になる 妬んで嫉妬（シット）
外泊（がいはく）

湿 氵9
シめる日＝ [亡][湿] ソ一も湿る 湿地（シッチ）なり
陰湿（いんしつ）

執 土8
幸いは [執] 丸と筆執り 執筆（シッピツ）す
執念（シュウネン）

やまいの矢 [亡][疾] 走り疾走（シッソウ） 駆け疾駆（シック）
急性肺炎（きゅうせいはいえん）

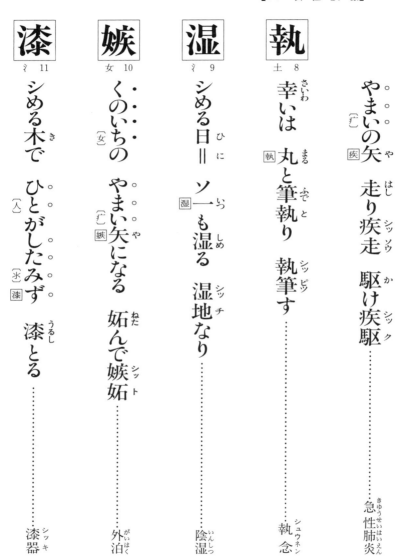

●キリスト教の宣教師（室町時代後期、16世紀）が、中国を「磁器」(china)の国「チャイナ」とよび、日本を蒔絵の材料の「漆」(japan)から「ジャパン」とよんだ。

【シツ＝膝　質　シャ＝車】

膝　月11

月と木　ひとがしたみずぬくは膝
〔人〕〔水〕〔抜く〕
膝 → 膝下（シッカ）

質　貝8

おのふたつ　目八疑うが　質疑なし
〔斤〕〔斤〕〔質〕
質疑 → 質屋（シチヤ）

おのおの　目八質し問い　質問す
〔斤〕〔斤〕〔質〕
質し（ただし）　問（と）　質問（シツモン）
……言質（ゲンチ）をとる

車　車0

一日に　十の車を　車庫いれす
〔車〕
一日（いちにち）　十（とお）の車（くるま）　車庫（シャコ）
……管理人（かんりにん）

【シャ＝車
射　捨　赦　斜　奢　煮　遮　謝
ジャ＝邪　蛇】

●「質屋」とは江戸時代初期からある「質種」（しちぐさ）を担保に金を貸す庶民の身近な金融業。あらゆるものが質種とされたが「女房」もそのひとつであったらしい。

【シャ＝射 捨 赦 斜 奢】

射 寸7
身を一寸(ちょっと) [射]てっぽうで射(い)る 射的(シャテキ)あり……温泉場(おんせんば)

捨 扌8
[扌]てでひとが [捨]吉(よし)と象捨(ぞうす)て 捨象(シャショウ)する……抽象(ちゅうしょう)

赦 赤4
赤(あか)いぼく。[攵][赦]クタノしけい(7日の死刑)[免] 七日(なのか) 赦(ゆる)され赦免(シャメン)……共産党員(きょうさんとういん)

斜 斗7
余斗(よたたか)う [斜]斜(なな)め斜交(はすか)い 斜(シャ)にかまえ……北辰一刀流(ほくしんいっとうりゅう)

奢 大9 外
一人者(ひとりもの)。[己][奢]てんで奢(おご)って 豪奢(ゴウシャ)なり……奢侈(しゃし)

●新字体では「者」の「、」がとられたので「煮・暑・署・諸・緒・都・著」の「、」もなくなった。表外字「奢」も常用漢字になれば「てんで奢って」とはいえなくなる。

【シャ＝煮 遮 謝 ジャ＝邪 蛇】

煮
灬 8

おいた者（もの）
[耂]
[煮]
れっかで煮たて
沸（わ）かせて煮沸（シャフツ）
……薬缶（やかん）

遮
辶 11

まあだあれ。
[亠]
[庶]
[辶]
廿（にじゅう）4 灬にんの
しんにゅう遮断（シャダン）
[辶]遮
……遮（さえぎ）る

謝
言 10

言（げん）と身（み）で
一寸（ちょっと）謝（あやま）り
[謝]
罪謝罪（つみシャザイ）
……誤（あやま）る

邪
阝 5

牙（きば）のある
さんぴん邪（よこしま）
(3 1)
[阝][邪]
邪険（ジャケン）なり
……邪魔立（じゃまだ）て

蛇
虫 5

虫ウヒひ
[蛇]
蛇（へび）の蛇腹（ジャばら）に
足蛇足（あしダソク）
……『戦国策（せんごくさく）』

●「蛇足」は『戦国策』の故事から生まれた故事熟語で「余計なつけたし」という意味。故事熟語には「矛盾・完璧・杞憂・蛍雪・逆鱗・推敲・知音・白眉・濫觴」などがある。

【シャク=勺 尺 借 酌 釈 爵 ジャク=寂】

勺 勹 1
[勹][⼎] つつみてん
[勹][X][勹] つつみばってん 勺匁（シャクもんめ）
······酒一勺（さけいっしゃく）

尺 尸 1
[尺] ヲ人（ひと）は 尺八（シャクハチ）すきな 六尺男（ロクシャクおとこ）
······趣味（しゅみ）

借 イ 8
[イ] ひとサっと
[借] 一日（いちにち）だけと 借り借金（かりシャッキン）
······サラ金（きん）

酌 酉 3
[酉] さけ二勺（にしゃく）
[酌] 独（ひと）りで酌（く）んで 独酌（ドクシャク）す
······情状酌量（じょうじょうしゃくりょう）

●「尺貫法」の基本単位の長さは「尺」(0.3m)、目方は「貫」(3.75kg)、面積は「坪」(3.3m²)、体積は「升」(1.8ℓ)、1升は10合、1合は10勺、飲み屋のお銚子1本は7、8勺である。

【シャク＝釈 爵 寂　シュ＝朱】

釈　釆 4
（野）ノの米を コノ人にとき
[釈]解釈す……釈迦に説法

爵　罒 13
ノツている 目ヨレて 一寸
[爵]子爵さま……世間知らず

寂　宀 8
ウチの上 小又叔じが 寂しそう
[寂]（叔父）……静寂・寂寥感

【シュ＝朱 狩 首 殊 珠 腫 趣】

朱　木 2
（野）ノの牛ハ
[朱]朱い印の 朱印あり……ララミー牧場

●部首〔酉〕（ひよみのとり）は「酒の種類・製法、酒に似た飲料に関する」字をつくるので「さけづくり」とも呼ばれる。●寂――「静寂な　へやで責了（せきりょう）　寂寥感」。

【シュ＝狩 首 殊 珠 腫】

狩

犭 6
(野)

ノのけもの。。。
[犭] 守る狩りする よい狩猟（シュリョウ）

……狩人（かりゅうど）

首

首 0
(そいつ)

ソ一の目（いちのめ）
[首] 首を自ら かけて自首（ジシュ）

……下着泥棒（したぎどろぼう）

殊

歹 6
(野牛)

一タノ牛（いちたのうし）
[殊] 朱は殊さらに 特殊なり（トクシュ）

……突然異変（とつぜんいへん）

珠

王 6
(野牛)

「王！」ノ牛（おうのうし）
[珠] 朱の玉てんで 珠玉なり（シュギョク）

……数珠つなぎ（じゅず）

腫

月 9
[月]

にくづきが
[腫] 重たく腫れる 腫瘍なり（シュヨウ）

……胃潰瘍（いかいよう）

● 「釈尊の 釈明きいて 釈放す……釈然」。釈尊は釈迦、釈明の釈は「言い訳をする」、釈放の釈は「許す」、釈然の釈は「理解する」、解釈の釈は「とき明かす」の意味である。

【ジュ＝寿　呪受需儒】

趣（走 8）

走り取る　趣のある　味が趣味……柿泥棒（かきどろぼう）

はしり（走）　おもむき（趣）　あじ（味）　シュミ（趣味）

寿（寸 4）

三さいノ　一寸の命　寿命なり……天寿（てんじゅ）

（三歳）さん　ちょっと　いのち　ジュミョウ

三ノさひく　一寸寿　米寿なり……八十八歳（はちじゅうはちさい）

（さのさ節）さ　ちょっと　ことぶき　ベイジュ

呪（口 5）

口口に　兄ノし呪い　文呪文……呪術（じゅじゅつ）

くちぐち　あに（兄）　（死）　のろい　ブン　ジュ　モン

● 「寿」の旧字体は「壽」、「サムライ（士）のフエはイチインチ（一吋）」と覚えてもいいが、あづま式では──「さむらい（士）が　フエを一口（ひとくち）　一寸（ちょっと）ふく」。

【ジュ＝受 需 儒　シュウ＝囚】

受 ⺤ 8
ノッているワが又受けみ　[受]受動態（ジュドウタイ）……能動態（のうどうたい）

需 雨 6
雨（あめ）になり[而]して要（い）るは需要（ジュヨウ）なり……雨傘（あまがさ）

儒 イ 16
ひと雨（あめ）に[イ][而][儒]（濡らし）あごひげぬらし教（おし）える儒教（ジュキョウ）……孔子（こうし）

【シュウ＝囚　舟 秀 拾 臭 就 愁 酬 醜 襲】

囚 囗 2
くにのなか[囗]人人（ひとびと）はみな囚人（シュウジン）だ……独裁国家（どくさいこっか）

●部首〔而〕（あごひげ）は、長く垂れた「あごひげ」の象形文字。あごひげをもつ常用漢字は「耐・端・需・儒」。「而立」（30歳）は『論語』の「三十而立」（三十にしてたつ）から。

【シュウ＝舟　秀　拾　臭　就】

舟　舟 0　(野)

ノに月が てんでつきでて（丶）(一)
[舟] 1つ舟(ひと・ふね)
舟遊び(ふなあそび)・勝海舟(かつかいシュウ)

秀　禾 2　(名前)

のぎノ3(さん)
[秀] 秀でる(ひいでる)　秀句(シュウク)　秀才だ(シュウサイ)
眉目秀麗(びもくしゅうれい)

拾　扌 6

てを合わせ(あ)
[拾] 拾えん拾い(ジュウ・ひろ)　得て拾得(え・シュウトク)
(十円)
乞食(こじき)

臭　自 3

自らの(みずか)
[臭] 大も臭くて(だい・くさ)　臭気あり(シュウキ)
嗅覚(きゅうかく)

就　亠 10

京にナシ(きょう)
[就] てんで就くとこ(つ)　就職先(シュウショクさき)
構造不況(こうぞうふきょう)

●「臭」の旧字体は「臭」。「自」（鼻の意）と「犬」を合わせて（会意文字）、犬が鼻でにおいをかぐ意味を表したが、新字体では「丶」をとって「犬」を追いやってしまった。

【シュウ＝愁 酬 醜 襲】 122

愁 心 9
のぎに火が　秋の心に　愁いあり
[禾]　　　　　あき　こころ　うれ
[愁]
……旅愁
　リョシュウ

酬 酉 6
さけづくり　州に報われ　報酬を
　　　　　　しゅう　むく　ホウシュウ
[酉]　[酉]
……カリフォルニア州
　　　　　　しゅう

醜 酉 10
西二鬼　醜く悪く　醜悪だ
にし　おに　みにく　わる　シュウアク
[醜]
……鬼畜米英
　きちくべいえい

襲 衣 16
立つにくづき　5じら衣を　襲い襲撃
た　　　　　[月]　ころも　おそ　シュウゲキ
　　　　　（ゴジラ）
　　　　　　　　　　　[襲]
……襲名披露
　しゅうめいひろう

【ジュウ＝汁　充　柔　従　渋　銃　獣　蹂】

●「龍」は新字体「竜」となり、「瀧」は「滝」となったが、「襲」は活字デザイン上の理由で「裏」とはならなかった。「襄」では縦長になってサマにならないというのである。

【ジュウ＝汁 充 柔 従 渋】

汁 シ 2
シるが十！ 日にあたる木の 汁果汁 …… ジュース

充 ル 4
けいさんし ムリむりノばし── 充て充当 …… 資金繰り

柔 矛 4
矛で木を きるが柔らか 弱く柔弱 …… 柔軟

従 イ 6 7
行くソいつ 下人従う 従者なり …… 奴

渋 シ 8
みず止メン！──（水道局員） くるしく渋る 面渋面 …… 苦学生

●同訓異字「あてる」には「充」と「当」がある。「充」はふりむける（教育費に充てる）。「当」は他のものにふれる（胸に手を当てる）、ちょうど合わせる（答を当てる）。

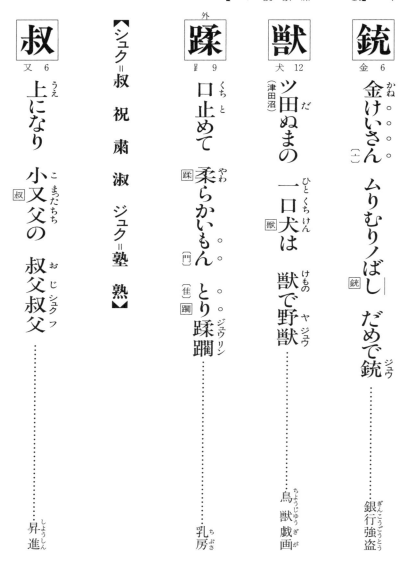

【ジュウ＝銃 獣 蹂 シュク＝叔】

銃 金6
かね。。。。[エ]
金けいさん ムりむりノばし [銃] だめで銃 ジュウ
……銀行強盗 ぎんこうごうとう

獣 犬12（津田沼）
ツ田ぬまの 一口犬は 獣で野獣 だ ひとくちけん [獣] けもの ヤ ジュウ
……鳥獣戯画 ちょうじゅうぎが

蹂 足9 外
口止めて 柔らかいもん。とり蹂躙 くち と [蹂] やわ [門][隹][躙] ジュウリン
……乳房 ちぶさ

【シュク＝叔 祝 粛 淑 ジュク＝塾 熟】

叔 又6
上になり 小又父の 叔父叔父 うえ こまたちち [叔] おじシュクフ
……昇進 しょうしん

●ネロ（在位54～68年）に鉛毒説がある。鉛の鍋でワインを沸騰させ、これを冷やせば甘みがまして美味しくなる。だが、鉛は体に入れば脳の神経を冒す。暴君ネロの出現である。

【シュク＝祝 粛 淑　ジュク＝塾 熟】

祝 ネ 5
ネロノしを
兄は祝って
宴祝宴（うたげシュクエン）
古代ローマ皇帝

粛 ヨ 8
ヨくたてる
米ノ1つを
静か静粛（しずセイシュク）
コロンブスの卵

淑 氵 8
みずの上
小又淑やか（こまただしとシュクやか）
女は淑女（おんなシュクジョ）
ボートのデート

塾 土 11
けいさんを
口でする子は
丸土塾（まるとジュク）
暗算（あんざん）

熟 灬 11
けいさんを
口でする子は
丸よっつ
熟れ熟す（うれジュクす）

●アメリカ大陸発見を「誰にでもできる」と評されたコロンブスが「では卵を立ててみよ」と問い、誰もできないのをみて卵の尻を潰して立てた話から「初めて行うのは難しい」たとえ。

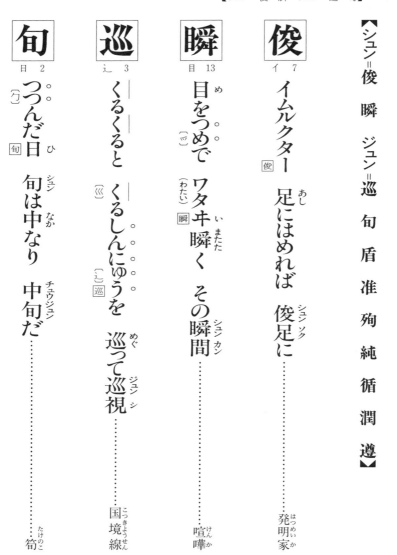

●「矛盾」は『韓非子』の故事から「辻褄（つじつま）が合わないこと」。故事熟語は、1字1字の漢字には還元できない、字面からでは理解できない独特の意味をもっている。

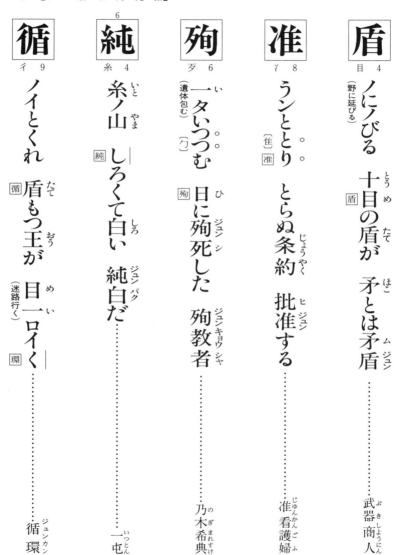

潤 ジュン (12画, さんずい)

みずで門 「王！」潤って 潤み[潤] 潤滑[ジュン・カツ] 滑る

遵 ジュン (12画, しんにょう)

ソ一西二一寸しんにゅう[⻌] 遵守[ジュン・シュ] せず 領土侵犯

【ショ＝処 初 庶 暑 署 緒 諸】

処 ショ (5画, 夂)

クタびれる[夂] ノってる女 処女[ショ・ジョ]だから 処方箋[しょほうせん]

初 ショ (7画, ネ)

ころもぬぎ[ネ] 刀初[かたなはじ]めて 夜は初夜[よる・ショ・ヤ] 出初[で・ぞ]め式[しき]

●「遵守」（法律に背かないこと）を「尊」にひきずられて〝そんしゅ〟と誤るむきがある。かつての国鉄ではよく「順法闘争」を行ったが、この「順法」は「遵法」の代用字である。

【ショ＝庶 暑 署 緒 諸】

庶 (广 8)

まあだれだ
〔亡〕
〔一〕庶
廿（にじゅう）4 にんの 庶子（ショシ）のおや

…… 庶民（しょみん）

暑 (日 8) 6

日（ひ）が土（つち）に ノび日（ひ）が暑（あつ）く
〔暑〕
避（さ）けて避暑（ヒショ）

…… 軽井沢（かるいざわ）

署 (罒 8) 6

よこ目（め）して みる者（もの）のいる
〔署〕
警察署（ケイサツショ）

…… 加害者（かがいしゃ）

緒 (糸 8)

糸（いと）をもつ者（もの）の言いぐさ
（意図）
〔緒〕
緒言（ショゲン）なり
チョゲン

…… 鼻緒（はなお）

諸 (言 8) 6

言（い）う者（もの）が 諸（もろもろ）おって
〔諸〕
諸説（ショセツ）あり

…… 株価（かぶか）

●部首〔罒〕（あみがしら）は鳥などをとる「あみ」の形を書いた字。〔罒〕を部首とする常用漢字に「罪・署・置・罰・罷・羅」がある。いずれも暗い「感じ」が漂っている。

【ジョ＝如　助　叙　徐　除】

如 [女] 3
くのいちの [女] 口が面目 躍如なり … 如意棒（ニョイボウ）

助 [カ] 5
目（め）がでたら（芽）[二] [助] 力助けて 助力（ジョリョク）する … 助太刀（すけだち）

叙 [又] 7
余（よ）の又（また）を [叙] 自（みずか）らのべる 自叙伝で『ウィタ・セクスアリス』

余（よ）の又（また）を [叙] 述（の）べて叙述（ジョジュツ）し 叙勲（ジョクン）され……森鷗外（もりおうがい）

●森鷗外『ウィタ・セクスアリス』（ラテン語、明治42年）は少年期からの性欲を取り扱った自伝体小説。鷗外48歳の作品。この小篇は叙勲の対象とはならず、掲載誌は発禁処分。

【ジョ＝徐 除　ショウ＝升 召】

徐 イ 7

ノイとくれ

[徐] 余(よ)は徐(おもむ)ろに　行く徐行(ジョコウ)

⋯⋯車椅子(くるまいす)

除 阝 7 (31)

さんぴんは

[除] 余(よ)を除(の)け者(もの)に　除(のぞ)いて除外(ジョガイ)

⋯⋯掃除(ソウジ)

【ショウ＝升

升召匠床抄肖承妾尚沼昇松省宵
将祥症称笑唱娼渉紹訟勝掌晶焦
硝粧装詔奨詳頌嘗彰障憔衝賞償
礁鐘】

升 ノ 3

[升] 十升(とます)に　土一升(つちイッショウ)が　金一升(かねイッショウ)

⋯⋯バブル経済(ケイザイ)

召 口 2

「刀(かたな)もて！」

[召] 口(くち)で集(あつ)めて　召(め)し召集(ショウシュウ)

⋯⋯合戦準備(かっせんじゅんび)

●「土一升金一升」とは、地価が大変高いことのたとえ。東京を中心に1983年から始まる地価高騰は、バブル経済期に絶頂に達するが、94年には一気にその半分以下に下落する。

【ショウ＝匠 床 抄 肖 承】

匠 [匚] 4
ひと―おので。[一][二][匠] たてよこ匠 たくみ 巨匠なり ……… 一刀彫（いっとうぼり）

床 [广] 4
けいさんノ。[一][床] 木をこえ床と 床にみず ……… 起床（キショウ）

抄 [扌] 4
[抄] てで少し 少しょう訳し 抄訳す ……… 全訳（ぜんやく）

肖 [月] 3
たつ ツい つ。[一][月][肖] にくづきのいい 肖像画（ショウゾウガ） ……… 不肖の息子（ふしょうのむすこ）

承 [了] 6
子ニラくを [服][承] 承って（うけたまわって） 承知する（ショウチする） ……… 仕立屋（したてや）

●部首〔广〕（まだれ）を漢字で書けば「麻垂」。本書では〔广〕を「亠」（けいさん冠）と「ノ」に分解し「けいさんノ」とするか、「まーだれ（の）」とするかして用いる。

133 【ショウ＝妾 尚 沼 昇 松】

妾 (外) 女5
けいさんし ソー立たせる
（そいつ） 〔二〕
妾 女は妾（めかけ）
愛妾（アイショウ）

尚 ⺌5
たつ ツイつ ワたしの口は
〔一〕
尚 時期尚早（じき ショウソウ）
タイミング

沼 氵5
シ刀く 口沼のみず（くちぬま）
（しかたなく）
沼 沼沢地（ショウタクチ）
遭難（そうなん）

昇 日4
日がノびて
昇 サっと昇って（のぼ）
天に昇天（テン ショウテン）
夏至（げし）

松 木4
木ぎをハム（き）
（食む）松
松くいむしが（まつ）
青松を（セイショウ）
立ち枯れ（た が）

●部首〔冂〕（どうがまえ）に属する常用漢字は「円・内・冊」であるが、いずれも小学校で習う学習漢字である。本書では「ワ」を多く〔冂〕＝ワと解して筆順の1つとしている。

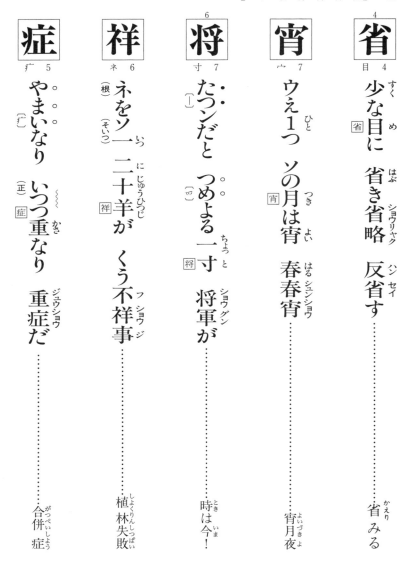

【ショウ＝省　宵　将　祥　症】

省 (目4)
少なめに　省き省略　反省す……省みる

宵 (宀7)
ウぇ1つ　ソの月は宵　春春宵……宵月夜

将 (寸7)
たツンだと　つめよる一寸　将軍が……時は今！

祥 (ネ6)
ネをソ一二十羊が　くう不祥事……植林失敗

症 (疒5)
やまいなり　いつ重なり　重症だ……合併症

●昔、学級委員の選挙などの時、名前を読み上げる係とその名前の下に「正」の字を1画ずつ記入する係にわかれた。どちらの票が多いかは「正」の数により一目瞭然である。

【ショウ＝称 笑 唱 娼 渉】

称 〔禾〕5
のぎノケハ 〔禾〕[称]
よいと称(たた)えて 称賛(ショウサン)す
……コシヒカリ

笑 竹 4
ケケけノけ [笑]
一人(ひとり)笑(わら)って 大笑(たいショウ)す
……笑窪(えくぼ)

唱 口 8
口(くち)で日日(ひび) [唱]
唱(とな)える歌(うた)は 唱歌(ショウカ)なり
……赤(あか)トンボ

娼 〔外〕女 8
くのいちが 〔女〕[娼]
日日(ひび)街(まち)にたつ 街娼(ガイショウ)に
……パンパン

渉 氵 8
みず止(と)めに 〔氵〕[渉]
歩(ある)いて外(そと)に 渉外課(ショウガイカ)
……水道代未払(すいどうだいみはらい)

●「パンパン」とは占領軍相手の娼婦。敗戦（1945年8月15日）後の「焼けビル」で共同生活する娼婦の実態を描いた『肉体の門』（田村泰次郎）はパンパン文学の結晶といわれる。

【ショウ＝紹 訟 勝 掌 晶】 136

紹 糸 5 (着物)
糸を召す
ひと＝あわせて
[人][介] 紹介す
ショウカイ
……
お見合い

訟 言 4 (言うは無駄)
言うハムだ
公にして
訴え訴訟
おおやけ うった ソショウ
[訟]
……
裁判の請求
さいばん せいきゅう

勝 力 10
にくづきが
[月]
ソ一大きく 力で勝る
（そいつ） いち おお ちから まさ
[勝]
……
勝ち勝利
か ショウリ

掌 手 8
たつツいつ
[⺍]
ワたしは口と 手で掌握
くち て ショウアク
[掌]
……
合掌
がっしょう

晶 日 8
日がみっつ
ひ
[晶]
糸で吉っと 結晶す
いと きち ケッショウ
[結]
……
与謝野晶子
よさのあきこ

●「掌」には「たなごころ」（名詞）と「つかさどる」（動詞）という異訓がある。「合掌」は「たなごころを合わせる」。「車掌」は「車をつかさどる」。同じ「掌」でも名詞と動詞。

【ショウ＝焦 硝 粧 装 詔】

焦 ８画（隹）[⺍][隹]
とりれっか
焦げて焦って　心焦心（こ・ショウ・シン）
……焼き鳥屋（やきとりや）

硝 ７画（石）[硝]
石１つ　こいつは月の　硝石だ（いしひと・つき・ショウセキ）
……硝子（ガラス）

粧 ６画（米）[粧]（娘）
ソの米で　庄やのむすめ　化け化粧（こめ・しょう・ば・ケショウ）
……白粉（おしろい）

装 ６画（衣）[土][装]
たつンだと　さむらい衣　装う衣装（ころも・よそお・イショウ）
……装備（ソウビ）

詔 ５画（言）[詔]
言を召す　詔なり　束ねる力（げん・め・みことのり・たば・ちから）[勅]
……詔勅（ショウチョク）

●昭和天皇は1945（昭20）年８月15日正午、戦争終結の「詔勅」（連合軍への無条件降伏）をラジオで放送する。日本の国民はこの玉音放送で初めて天皇の声を聞いたのである。

【ショウ＝奨 詳 頌 嘗 彰】

奨 大 10
たつンだと
[一]
将の一人が
[奨]
奨励金
戦場にて

詳 言 6
言ソ一二十詳しく
(そいつ)
[詳]
述べ詳述
の ショウジュツ
博覧強記

頌 頁 4
公に
おおやけ
[頌]
頁めくれる
ページ
歌頌歌
うたショウカ
仏教頌歌
ぶっきょうしょうか

嘗 ツ 11
外
さかさしょう
。。。。
[ツ]
ワが口ヒ日に
くちび
[嘗]
嘗め味嘗味
な あじショウミ
食いしん坊
くいしんぼう

彰 彡 11
外
立て早く さんづくりして
たはや
[彡]
[彰]
表彰台
ヒョウショウダイ
一位入賞
いちいにゅうしょう

●部首〔ツ〕（さかさしょう）は「小」をさかさにした便宜上の部首。ここでは「よ」を大きくして「さかさしよう」という呼びかけの文句とする。「さかさ」は69の陰語である。

【ショウ＝障 憔 衝 賞】

障 ⻖ 11 (3⃣1⃣)

・さんぴんの
立つのが早く
障り障害
……徒競争

憔 ⺖ 12 (外)
(坊)〔一〕
ぼうハとり
(隹)〔三〕憔
れっかでやいて
憔れ憔悴
……ペット

衝 行 9
「ノイとくれ！」
〔一〕衝
重なり二つ つきはね衝突
……ブレーキ故障

賞 貝 8
〔一〕
たつ ツい つ ワたしの口と
賞目ハ賞賛
……女

〔二〕
さかしょう
ワが口貝の
賞味 口貝 あじショウミ
……男

●「賞味」とは「ほめながら味わって食べること」。「嘗味」とは「ほめながら味わって嘗めること」で混同してはならない。「賞味期間」はあるが「嘗味期間」はないようだ。

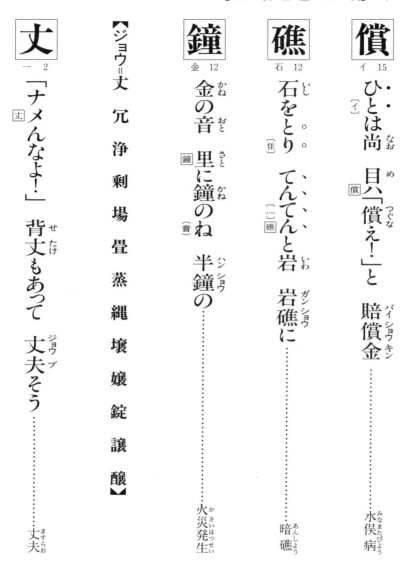

【ショウ＝償 礁 鐘 ジョウ＝丈】

償 イ 15
ひ・と・は尚
[イ]
目八「償え！」と 賠償金……水俣病
[償] つぐ(な) バイショウキン みなまたびょう

礁 石 12
石をとり。
[隹]
てんてんと岩 岩礁に……暗礁
[三][礁] い(し) いわ ガンショウ あんしょう

鐘 金 12
金の音 里に鐘のね 半鐘の……火災発生
[鐘] [音] かね おと さと かね ハンショウ かさいはっせい

【ジョウ＝丈 冗 浄 剰 場 畳 蒸 縄 壌 嬢 錠 譲 醸】▶

丈 一 2
「ナメんなよ！」背丈もあって 丈夫そう……丈夫
[丈] せたけ ジョウブ ますらお

●「水俣病」は1953（昭28）年〜60（昭35）年にかけて、熊本県水俣湾周辺に集団発生した有機水銀中毒による公害病。新日本窒素肥料㈱（チッソ）水俣工場の廃液が原因。

【ジョウ＝冗 浄 剰 場 畳】

冗 ｢ 2

ワタシノて——
[冗] はね言う火っ火
[談] 「冗談（ジョウダン）よして！」……セクハラ

浄 氵 6

みず・
[氵] 争（あらそ）い なくなるしくみ
[浄] 浄水場（ジョウスイジョウ）……土壌（どじょう）浄化法（じょうかほう）

剰 刂 9

乗（の）りものに
[剰] 乗り余（あま）る金（かね） 余剰金（ヨジョウキン）……剰余価値（じょうよかち）

場 土 9

土日（どにち）とも
[場] 一つ勿（もち）ろん 場所（ばショ）をとる……野球場（ヤキュウジョウ）

畳 田 7

田（た）ワ目（め）でて
(芽)(二)[畳] 畳（たたみ）を敷（し）いた 千畳敷（センジョウじ）き……折（お）り畳（たた）み式（しき）

● 「剰乗価値」とは「労働者が生産過程で作り出す価値から労働力の価値を引いた資本家の価値」。つまり搾取分で「余剰金」とは違う。事情と情事、柳川と川柳ほど違う。

【ジョウ＝蒸 縄 壊 嬢 錠】

蒸 艹 10
さん3に フくぼうれっか。
[一] [三蒸]
蒸す蒸気（む／ジョウキ）
……ワット

縄 糸 9
糸日日に
[縄] しめて縄（なわ）なう
縄文人（ジョウモンジン）
……採取経済（さいしゅけいざい）

壊 土 13
土に六 サッと二をイレ
（名前）
[壊] 土壌かけ（ドジョウ）
……堆肥（たいひ）

嬢 女 13
女六 サッと二をイレ
（荷）
[嬢] お嬢さま（ジョウ）
……輿入れ（こしいれ）

錠 金 8
金ウちの
（名前）
下人錠まえ（げにんジョウ）[錠][錠前]
施し施錠（ほどこし／セジョウ）
……大店（おおだな）

●漢字は伝説上の人物、蒼頡（そうけつ）が「鳥の足跡」をみて発明したといわれる。蒸気機関はワットが薬缶のふたが「わ、わっ」と、動くのをみて着想したといわれている。

【ジョウ＝譲 醸　ショク＝食 殖】

譲　言13

言う六サン　(名前)
ニをイレ譲り　(荷)
[譲]
譲歩しろ
……親方

醸　酉13

さけ六サン　(酉)(名前)
ニをイレ　(荷)
[醸]
醸し
造り醸造
……杜氏

【ショク＝食 殖触飾嘱織贖　ジョク＝辱】

食　食0

ひと。。　[人]
[食]
ひとは良く
食っては食べて
食事する
……断食

殖　歹8

一夕で
十直殖える
[殖]
利殖あり
……インサイダー取引

●部首〔歹〕（がつへん）は肉のなくなった骨の象形文字。「一タ（いちた）へん」と覚えておいてもいい。常用漢字には「死・残・殊・殉・殖」と「列・烈・裂」がある。

【ショク＝触 飾 嘱 織 贖】

触 角6
角(つの)で虫(むし) [触]
触(ふ)れて触(さわ)って
接触(セッショク)す
……触角(しょっかく)

飾 食5
しょくへんを
イっぱいの巾(はば) [飾]
飾(かざ)り装飾(ソウショク)
……朝市(あさいち)

嘱 口12
口(くち)はヨノ
ノロいがかまえ [口]
ムてきなり [嘱](無敵)
……嘱目(ショクモク)

織 糸12
糸(いと)の音(おと) [戈][織]
ほこらしげなり
織(お)る織女(ショクジョ)
……組織(ソシキ)

贖 貝15
貝(かい)さむらい [士] [贖]
買(か)って贖(あがな)う
罪贖罪(つみショクザイ)
……物(もの)を購(あがな)う

●「さわる」の同訓異字に「触る」（手で触る、癪に触る）と「障る」（身に障る 差し障り）がある。「ふれる」には「触れる」（目に触れる）と「振れる」（気が振れる）がある。

【ジョク＝辱　シン＝伸　辛】

辱　辰3（名前）

辰一寸（たつちょうと）

[辱] 辱めうけ　侮辱（ブジョク）され……侮られる（あなどられる）

【シン＝伸】

箴震薪　伸辛呻侵津真唇娠振浸紳診寝慎審

伸　イ5

ひと日なか　[亻][⺅伸]
伸びて縮んで（のびてちぢんで）　伸縮す（シンシュク）……真昼の情事（まひるのじょうじ）

辛　辛0

立った十（たったとう）　[辛]
辛い酸っぱい（からいすっぱい）　辛酸なめる（シンサン）……香辛料（こうしんりょう）

立った十（たったとう）　[辛]
辛さ抱いて（つらさいだいて）　辛抱す（シンボウ）……貰い泣き（もらいなき）

●部首〔辰〕（しんのたつ）は二枚貝（ハマグリ）の殻から肉がはみ出し動く形の象形文字。十二支の第五番、動物の竜（たつ）にあてる。原辰徳は野球選手、辰吉丈一郎はボクサー。

【シン＝呻 侵 津 真 唇】 146

呻 口5 〔外〕

口(くち)日(ひ)なか

[一]呻

呻(うめ)き口(くち)今(いま)

[吟]呻吟(シンギン)す

歯(は)痛(いた)

侵 イ7

ひとはヨク

[イ]

ワガ又(また)侵(おか)し

[侵]入(はい)り侵入(シンニュウ)

不(ふ)可(か)侵(しん)条(じょう)約(やく)

津 氵6

津津(つつ)浦浦(うらうら)

どこにでもあり

興(キョウ)味(ミ)津津(シンシン)

パチンコ屋

真 十8 〔3〕

十(とう)の目(め)が

一(いっ)八(ぱ)い真(ま)じめ

[真]真剣(シンケン)だ

中(ちゅう)学(がく)受(じゅ)験(けん)塾(じゅく)

唇 口7 （名前）

辰(たつ)の口(くち)

[唇]唇(くちびる)朱(あか)い 朱唇(シュシン)なり

女(おや)形(ま)

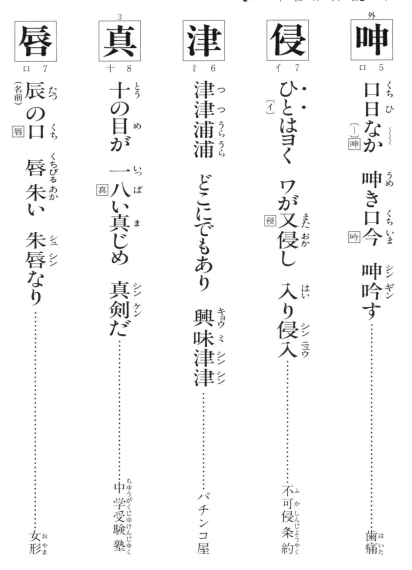

●人間の胎児は「子宮」のなかで、地球に人類が出現したプロセスを繰り返す。精子と卵子の結合の結果、魚類・両生類・爬虫類・哺乳類、そして人間の姿へと進化するという。

【シン＝娠 振 浸 紳 診】

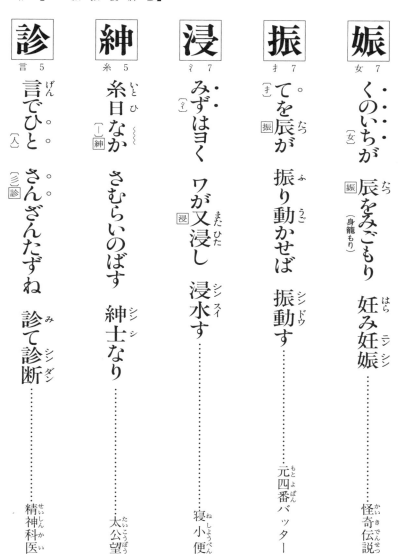

娠 女7
・くのいち が [女] 辰（たつ）をみごもり（身籠もり） 妊（はら）み妊娠（ニンシン）
怪奇伝説（かいきでんせつ）

振 扌7
[振] 扌（て）を辰（たつ）が振り動（うご）かせば 振動（シンドウ）す
元四番（もとよばん）バッター

浸 氵7
・・みずはヨく [浸] ワが又（また）浸（ひた）し 浸水（シンスイ）す
寝小便（ねしょうべん）

紳 糸5
糸（いと）曰（ひ）なか [紳] さむらいのばす 紳士（シンシ）なり
太公望（たいこうぼう）

診 言5
言（げん）でひと。。。[〻][診] さんざんたずね 診（み）て診断（シンダン）
精神科医（せいしんかい）

●「太公望」とは釣り好きの代名詞。呂尚（太公望）は周の文王に「釣り」をしている時に出会い、その子武王を助けて殷（紀元前8世紀）を滅ぼした。『史記』の故事による。

【シン＝寝 慎 審 箴 震】

寝 [宀] 10
ウちたテン。[二] ヨワ又寝ずに 寝食わすれ……寝殿造り

慎 [忄] 10 (坊) [一]
ぼう八十 目一八いよく 慎んだ……慎重

審 [宀] 12
ウちノ米田で番をする 審査官……審美眼

箴 [竹] 9 (外)
「人は城……」信玄のいう 箴言だ……戒めの言葉

震 [雨] 7
雨に辰 震えて動き 震動す……寒がり

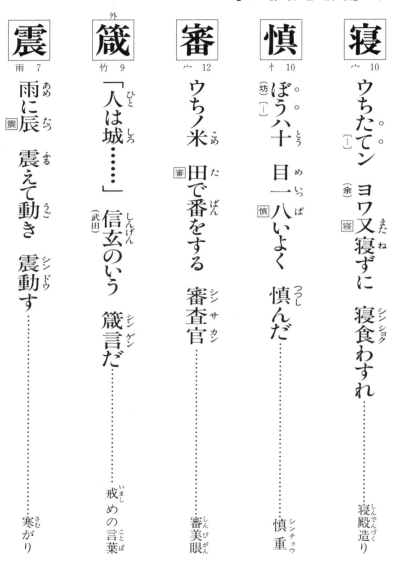

● 「人は城、人は石垣、人は堀、情けは味方、仇（あだ）は敵なり」。武田信玄（しんげん）の箴言（しんげん）だが、「箴」を感にひきずられて〝かんげん〟と誤読するむきがある。

【シン＝薪　ジン＝刃　尽】

薪 艹 13

サと立木(たちき)。おので薪(たきぎ)に〔斤〕薪　薪炭商(シンタンショウ)……薪水(しんすい)の労(ろう)

【ジン＝刃　尽迅甚陣尋靭】

刃 刀 1

刀(かたな)のメ〔刃〕刃(は)を自(みずか)らに　あて自刃(ジジン)……三島由起夫(みしまゆきお)

刃 刀 1

刀(かたな)のメ〔刃〕刃(は)で傷(きず)をつけ　刃傷沙汰(ニンジョウザタ)……森(もり)の石松(いしまつ)

尽 尸 3

ヨ丿人二〔尽〕力(ちから)尽(つ)くして　尽力(ジンリョク)す……恩返(おんがえ)し

●「薪」は「当用漢字表」（昭和21年）に採用され「常用漢字表」（昭和56年）にひきつがれるが、その間のエネルギー革命（薪→石炭→石油→ガス）により日常生活から消えた。

【ジン＝迅 甚 陣 尋 靭】 150

迅

しんにゅう 3

「てが十ぽん しんにゅう速く 迅速だ

……バーゲンセール

甚

甘 4

サと三ゲる 一匹甚だ 甚大だ

……被害甚大

陣

阝 7

（31）
さんぴんは 一日十だい 陣頭指揮

……駐車場

尋

寸 9

（酔えば）
ヨば口 一寸尋ねて 問い尋問

……元刑事

靭

外 革 3

つくりがわ 刀にてんで 強く強靭

靭帯（靱は俗字）

●法律用語「訊問」（じんもん）は「職権をもって言わせること」だが、「訊」は表外字なので同音による「書きかえ」により、現代表記では「尋問」としてもよいことになる。

【す行＝据　杉　鮨　ズ＝豆】

据 す 8 [扌]

てで[据]コノ古(ふる) 据(す)えればこしも(腰) 据(す)わるなり……古道具屋(ふるどうぐや)

杉 す 3 木

木(き)ノびノび [杉]ノびるさんどう(参道) 杉木立(スギコダチ)……日光街道(にっこうかいどう)

鮨 す 外 魚 6

さかなへん[魚] [鮨]ヒ日旨(びうま)くなる 吉野鮨(よしのずし)……神田神保町(かんだじんぼうちょう)

豆 ず 3 豆 0

一口(ひとくち)の [豆]ソ一は豆(まめ)だ 大豆(ダイズ)の豆腐(トウフ)……小豆(あづき)

●豆が腐って「豆腐」とは？　豆腐は奈良時代に遣唐使によって伝えられた加工品。当時は豆乳を発酵させ、つまり腐らせて「塩」を加え乾燥させた保存食であった。

【スイ＝吹 垂 炊 帥 粋 衰 酔 遂 睡 穂 錘】

吹
口 4
口(くち)欠(か)けた
[吹] らっぱを吹(ふ)いて
(喇叭) 奏(かな)で吹奏(スイソウ)
……貧乏(びんぼう)バンド

垂
ノ 7
(野)
ノ二(に)たて＝
[垂] 土(つち)が垂(た)れてる
垂直(スイチョク)に
……グランドキャニオン

炊
火 4
火(ひ)を欠(か)くが
[炊] 飯(めし)が炊(た)けるぞ
炊飯器(スイハンキ)
……電気釜(でんきがま)

帥
巾 6
ノばすココ
[一]
[帥] 巾(はば)あるひげを
(髭) 元帥(ゲンスイ)は
……東郷元帥(とうごうげんすい)

●部首〔欠〕(あくび)は「大きく口を開く形の象形文字」。「歓」の略字として「欠ける」として用いられる。欲──「ハハの口 谷が欠(あくび)し 欲し欲情……同窓会」。

153 【スイ＝粋 衰 酔 遂 睡】

粋
米 4
こめきゅうじゅう
米九十 [粋] いき
粋にてで友 [扌] とも バッスイ
抜き抜粋……『いきの構造』 こうぞう

衰
衣 4
けいさん中 [一] ちゅう
イレて衰え [衣] おとろ
弱り衰弱 よわ スイジャク
……オギノ式避妊法 しきひにんほう

酔
酉 4
さけ九十 きゅうじゅう
[酉] よ
酔って泥んこ どろ
泥酔 ディスイ
す
……陶酔 とうすい

遂
辶 9
ソーぶた [そい]
[豕] い
しんにゅう遂げて [辶] と
遂に遂行 ツイ スイコウ
……豚泥棒 ぶたどろぼう

睡
目 8
目ノ二つ [一] め ふた
たて＝しまって に
[睡] ど スイミン
土っと睡眠……睡蓮 すいれん

●『いきの構造』（1930年）は九鬼周造著。日本人の粋（いき）という価値理念を考察したものだが、彼の実生活はともかく、その文章が"粋"であるかどうかは一読に値する。

【スイ＝穂 錘 ズイ＝随 髄】154

穂 禾10
のぎ。
一日1心穂出す 出穂期……穂波

錘 金8
金垂れる 糸方かたと 錘紡錘……十万錘

【ズイ＝随 髄 スウ＝枢 崇 数】

随 阝9
こざと有り しんにゅう筆を とり随筆……松尾芭蕉

髄 骨9
骨が有り しんにゅうすれば 骨髄だ……ミクロの決死隊

● 「遂行」（すいこう）を「遂」の訓の「つい」にひきずられて、つい"ついこう"と誤読するむきがある。「完遂」（かんすい）も、つい"かんつい"と誤読されるむきがある。

【スウ＝枢 崇 数　せ行＝畝】

枢
木 4
木を一メ〔目〕たてよこにして　枢軸に〔一〕〔二〕枢
……枢機卿（スウキキョウ）

崇
山 8
山のウえ〔崇〕示され崇め　拝み崇拝（オガ スウハイ）
……崇高（スウコウ）

数
攵 9
ソの米を　女とぼくで〔攵〕〔数〕数えた数（かぞ かず）
……数字（スウジ）

【せ行＝畝　瀬　ゼ＝是】

畝
田 5
けいさんし〔一〕田をク人で〔畝〕畝一畝（うね イッセ）
……一アール（いち）

●漢字の書き取りで「穂」に「、」をうてば減点だ。音で読んで「ハ行・バ行」には「、」をうつ（博・薄・簿・縛・敷〔フ〕）。恵（ケイ）・専（セン）・穂（スイ）は「、」なし。

【せ行＝瀬　ゼ＝是　セイ＝井　姓】

瀬 氵 16
しっかりと束ねたあたま〔頁〕〔瀬〕　瀬をわたる　……逢瀬(おうせ)

是 日 5
日に一つ　ぼく人正し〔卜〕〔是〕　是正(ゼセイ)する　……一日一善(いちにちいちぜん)

【セイ＝井　姓征青斉牲凄逝婿勢誓請整　ゼイ＝贅】

井 二 2
二＝んがし〔井〕〔四〕　市井(シセイ)のひとが　井戸端(いどばた)会議(カイギ)　……天井(テンジョウ)

姓 女 5
……くのいちの〔女〕　生(うま)れ姓(セイ)ない　百姓女(ヒャクショウおんな)　……姓名(せいめい)判断(はんだん)

●「是」の意味は３つある「ゼ」。「ただしい」(是非)、「ただす」(是正)、「これ・この・ここ(という指示代名詞)」(日日是好日、如是我聞〔かくのごとくわれはきけり〕)。

157 【セイ＝征 青 斉 牲 凄】

征 イ5
ノイとくれ　正しイほこで
[戈][伐]
[征] 正(ただ)しイほこで　征伐(セイバツ)す
……桃太郎(ももたろう)

青 青0
十二月(じゅうにがつ)
[青] まつ青(さお)になり　青(あお)ざめる
……青年実業家(セイネンジツギョウカ)

斉 斉0
文ノ二を
[⼀][斉] たてに唱(とな)えて　斉唱(セイショウ)す
……南無阿弥陀仏(なむあみだぶつ)く

牲 牛5
牛(うし)の生(せい)
[牲] 牛(うし)を義(ぎ)により
[犠] 犠牲(ギセイ)にす
……生(い)け贄(にえ)

凄 冫8
ウンと妻(つま)
[凄] 凄(すご)く惨(みじ)めで　凄惨(セイサン)だ
……フェミニスト

●「常用漢字」1945字のうち小学校で1006字、第1学年で80字を習う。色「青赤白」、曜日「月火水木金土日」、数「一〜十百千」、体「口目耳手足玉」、「学校」「先生」「男女」など。

【セイ＝逝 婿 勢 誓 請】

逝
⻌ 7
[扌]
てのおのが
[斤]
折れてしんにゅう
[⻌]
[逝]
逝き逝去
……突撃隊（とっげきたい）

婿
女 9
女フト 人のにくづき
[月]
[婿]
みれば婿
……女婿（ジョセイ）

勢
力 11
十一八い 土を丸める
[勢]
力勢い
……勢力（セイリョク）

誓
言 7
[扌]
てのおのに
[斤]
言って誓って
[誓]
誓約す
……復讐（ふくしゅう）

請
言 8
言う十二月
[請]
請う請け負いの 普請請求
フシン　セイキュウ
……下請け業者（したうけぎょうしゃ）

●「普請」（建築工事の意味）とはもと仏教用語。むかし寺院を建立しようとするときは必ず寄附をつのって、「普（あま）ねく世に請（こ）うて」建設されたことによる。

【セイ＝整　ゼイ＝贅　セキ＝斥】

整 〔攵〕12　3
束をぼく〔攵〕いっつ整え〔正〕整　整理する……整理整頓

贅 〔貝〕11　外
十二万 ぼく貝沢で〔攵〕〔貝〕贅沢に……化石採集

◀セキ＝斥
昔　析　席　隻　惜　跡　碩　籍▶

斥 〔斤〕1
おの下げて〔斤〕〔斤〕てに非ずして〔扌〕〔排〕排斥す……日貨排斥

おの下げて〔斤〕〔斤〕イーユみ矢もつ〔候〕斥候兵……最前線

●部首〔攵〕（ぼくづくり）は、手に木の棒をもって打つ形、〔支〕の省略形で「うつ・使役・強制」の動作を表す。本書では一貫して「ぼく＝僕」の意味に用いる。

昔 日 4

サと一日 すぎれば昔 昔日(セキジツ)だ

……今昔物語(コンジャクものがたり)

析 木 4

木(き)をおので 八(や)つに分(わ)けて 分析(ブンセキ)す

……総合(そうごう)

席 广 7

まーだれの 廿巾(にじゅうはば)ある 座席(ザセキ)のぬしは?

……関取(せきとり)

隻 隹 2

ふるとりの ヌっとでる眼(め)は ひとつ隻眼(セキガン)

……片言隻語(へんげんせきご)

惜 忄 8

ぼうハ昔(むかし) 惜(お)しくも敗(やぶ)れ 惜敗(セキハイ)す

……甲子園(こうしえん)

●部首〔隹〕をなぜ「ふるとり」というのか? 「隹」は短い尾の小鳥の形で「とり」だが、この字は「旧」の旧字体「舊」に使われているので「鳥・酉」と区別して「ふるとり」。

跡
足 6
口止めて ぺんぎんの跡 追い追跡……南極観測隊
[赤][跡]

碩
石 9 〔外〕
石あたま 頁に学ぶ 碩学だ……象牙の塔
[頁][碩]

籍
竹 14
竹にほん 木に昔書く 書籍なり……竹簡
[籍]

【セツ＝拙 窃 接 摂 節 説】

拙
扌 5
てでぼうを 出すが拙く 拙劣だ……チンパンジー
[扌][拙]

●本書では〔赤〕を「ぺんぎん」と名づけて部首扱いとした。いかにも形がペンギンに似て、愛らしく抱きしめたい衝動にかられる。「朋有り、遠方より来たる、亦楽しからずや」。

【セツ＝窃 接 摂 節 説】

窃 穴4
穴を切り 次つぎ皿を 盗む窃盗
[窃] 鼠小僧

接 扌8
[扌] てで立たせ 女は合わせ 接ぎ接合
[接] 流れ作業

摂 扌10
十一の 耳があるンだ 摂政は
[摂] 聖徳太子

節 竹7
竹ヨレて、フしが変って 変節す
[節] 節

説 言7
言ソいつ 兄の説くのは お説教
[説] 遊説

●「聖徳太子」（574〜622）という呼び名は、太子の死後に贈られた諱（いみな）である。生前の名は「豊聡耳命」（とよとみみのみこと）、「厩戸皇子」（うまやどのおうじ）など。

【セン=仙 占 専 浅 薦 繊 鮮】浅 染 扇 栓 旋 践 銭 銑 潜 選 遷 線

仙 (イ3)

いい山に おとこと女 仙人仙女(センニンセンニョ)
……桃源郷(とうげんきょう)

占 (ト3)

トロ占い 独りかい占め 独占す(ドクセン)
……相場師(そうばし)

専 (寸6)

一日に 1寸の門 専門家(センモンカ)
……専門家には口きくな!(せんもんか くち)

浅 (氵6)

シ三(さん)して ほこる浅(あさ)はか 浅薄だ(センパク)
(試算して) [戈][浅]
……バブル崩壊(ほうかい)

● 「トロ」はマグロの脂身のこと。口に入れると「トロッ」とした舌触りが魅力。江戸時代には猫跨ぎ(ねこまたぎ)と言って見向きもされなかったが、いま大トロは最上の鮨ネタ。

【セン＝染 扇 栓 旋 践】

染 氵6
みず・
[氵] 木に染み色を 染め染色
床上浸水

扇 戸6
一コノ羽
[扇] 扇動かし 扇ぎ扇動
カリスマ

栓 木6
木が全て
[栓] ワインのびんの コルク栓
栓抜き

旋 方7
(方位)
方イかえ フト人をみて
[旋] 回わり旋回
海上捜索機

践 ⻊6
口止めて 三つのほこを
[戈][践] もち実践
閻魔大王

● 「扇動」はアジテーション（agitation）のこと。本来は「煽動」だが「煽」が表外字なので、同音の漢字の「書きかえ」により「扇動」でも可。しかしやはり「煽動」としたい。

【セン＝銭 銑 潜 選 遷】

銭 金 6
（金さん）
金三が。。
ほこり銭もち　銭湯へ
〔戈〕〔銭〕
────────
極楽湯

銑 金 6
〔銑〕
金先に　金を失う
〔鉄〕
銑鉄業
────────
銑鉄

潜 氵 12
みず二人　二人その日に　潜り潜水
〔潜〕
────────
潜む

選 辶 12
〔腰〕
コしとコし　共にしんにゅう
〔辶〕〔選〕
選び選択
────────
夜這い

遷 辶 12
西一人　己しんにゅう。。。
〔辶〕〔遷〕
左へ左遷
────────
地方営業所勤務

●古代中国の朝廷では右の位が高く、左へ遷（うつ）されることは位を下げられること、「左遷」であった。司馬遷『史記』の中にでてくるが、現代中国では通じない古語である。

【セン＝線 薦 繊 鮮】 166

【ゼン＝善 喘 禅 漸 繕】

線 糸9
（非常に）
糸白い
[線] 水の線なり 白糸の滝
…静岡県

薦 艹13
サあ鹿と（確と）
5よん薦め 推し推薦
[薦]（三）
…予想屋

繊 糸11
糸十一（土）
たて＝ソ一（そいつ）を ほこで繊維に
[繊]（戈）
…繊細

鮮 魚6
魚ソ一（そいつ）二十鮮やか 鮮魚なり
[鮮]
…鮮血

●部首〔魚〕（さかなへん）の常用漢字は「魚・鮮・鯨」の3字である。鮭・鮪・鯉・鰯はどれも表外字。鯨も哺乳類だから、名のある魚は「常用漢字の海」にはいないことになる。

【ゼン＝善 喘 禅 漸 繕】

善 口9 [6]
（執事）〔羊〕
ひつじなり ソ一の口は [善]善く善良…東京下町生まれ…公害

喘 口9 〔外〕
口山に [喘]而して喘ぐ 息喘息

禅 ネ9
（熱）
ネツの日も [禅]十ぜん座り 座禅くむ…修行僧
（当然）

漸 氵11
〔氵〕（水車）
みず車 おのでつた斬り 漸く漸進…急進
[斤]
[漸]
[蔦]

繕 糸12
糸ソ一 二十ソ一で [繕]口繕う…修繕
（そいつ）（にじゅう）（いつ）（そいつ）

●「漸進」の反対語は「急進」。漸く進むか、急いで進むか。進むことに変わりはないが、共に理想の実現を目指しているのに、漸進的か急進的かで敵・味方になることもある。

【ソ＝狙 阻 祖 租】

【ソ＝狙 阻 祖 租 措 粗 疎 訴 塑 礎 蘇】

狙 犭5
（野）
ノにけもの
目をだし狙い
撃ち狙撃
カービン銃

阻 阝5
（31）
さんぴんの
目がでて阻み
止めて阻止
見張役

祖 ネ5
（根）（芽）
ネに目でて
祖国をおもう
祖父と祖母
移民

租 禾5
（禾）（芽）
のぎに目が
でれば税あり
租税なり
租庸調

●満州国の成立（1932〔昭7〕年）を機に始まった満州への移民は、それまでのハワイ、北米、南米への移民とはまったく違う、「土地略奪」を目的にした武装移民であった。

【ソ＝措 粗 疎 訴 塑】

措 〔扌〕8
てでサッと 一日四つ 〔措〕直す措置 —— 挙措（きょそ）

粗 〔米〕5
米に目が（芽）でて粗くなり 〔粗〕粗末なり —— 古々米（ここまい）

疎 〔疋〕7
フト止める 束ねて疎み 〔疎〕（参考書）外疎外（そとソガイ） —— 受験勉強

訴 〔言〕5
言におの〔斤〕。下げて訴え 〔訴〕直訴する —— 田中正造

塑 〔土〕10
（そつ）ソー山ノ（いやま）月土で彫り 〔塑〕彫塑する —— 高村光太郎

●「疎外」（自己疎外）と「疎通」（意志疎通）の「疎」には違和感がある。旧表記「疏通」の「疏」が表外字のため、同音による「書きかえ」で現代表記「疎通」となったためか。

礎 石13

石に木木 フトイ礎 基礎(キソ)工事(コウジ)
[礎]
……法隆寺(ほうりゅうじ)

蘇 艹16 [外]

さっと魚(うお)
[禾][蘇]
のぎ蘇(よみがえ)り 生き蘇生(ソセイ)
……魚肥(ぎょひ)

【ソウ=双 壮

漱 遭 総 聡 捜 挿 桑 爽 掃 曹 喪 葬 僧 搔 漕
奏 荘 槽 痩 操 燥 霜 騒 藻】

双 又2

ヌっと又(また)
[双]
生(う)まれた双(ふた)ご 双生児(ソウセイジ)
(双子)
……一卵性(いちらんせい)

壮 士3

たつンだと さむらい語(かた)る 大言壮語(タイゲンソウゴ)
[一]
[土][壮]
……薩摩隼人(さつまはやと)

● 「魚肥」は魚類を加工（搾り粕・乾魚・荒粕など）した有機質肥料、カリウムは乏しいが窒素分・燐酸分に富み、最初の販売肥料として江戸初期より取引された。

171 【ソウ＝奏 荘 捜 挿 桑】

奏 大 6
三人(さんにん)と 二人(ふたり)で奏(かな)で [奏]合(あ)わせ合奏(ガッソウ)
……家族演奏会(かぞくえんそうかい)

荘 艹 6
「サ(・)タ(・)ン(・)だ(・)！」[土][荘]さむらい重(おも)く 荘重(ソウチョウ)に
……薩長同盟(さっちょうどうめい)

捜 扌 7
〔ま〕てで日(ひ)なか [ー][捜]又(また)を捜(さが)して 捜査(ソウサ)する
……職権濫用(しょっけんらんよう)

挿 扌 7
〔ま〕てノ一(いち)ぽん 日(ひ)なかに挿(さ)して [ー][挿]入(い)れ挿入(ソウニュウ)
……抽籤会(ちゅうせんかい)

桑 木 6
ヌヌヌっと [桑]木(き)から桑(くわ)のは(葉) 田(た)は桑田(ソウデン)
……養蚕業(ようさんぎょう)

●「抽籤会」の「籤」の訓は「くじ」で、文字通り籤を抽(ひ)くから抽籤会。しかし、「籤」は常用漢字表にない表外字のため、同音の「書きかえ」により現代表記は「抽選会」。

【ソウ＝爽 掃 曹 喪】

爽 大8
一（ひと）メ（メメ）みた
爽 人は爽（さわ）やか 爽快（ソウカイ）
……颯爽（さっそう）

掃 扌8
扌てでもって
（余）ヨワ巾
掃 掃（は）いて 除（のぞ）いて掃除（ソウジ）
……箒（ほうき）

曹 曰7
一日（ついたち）を
＝日（ふつか）というは
曹 鬼軍曹（おにグンソウ）
……白（しろ）を黒（くろ）と～

喪 口9
十（十字）じゅうじきり
口口一（くちぐちひと）つ レクいえむ
喪（レクイエム）
喪主（もしゅ）となり じしん（自身）失（うしな）い 喪失（ソウシツ）す
……喪服（もふく）
……喪家（そうか）の狗（いぬ）

●「白を黒と言いくるめる」のは立場の強い人だ。立場の弱い者は、ただ目を「白黒」（しろくろ）させるだけで、とても「黒白」（こくびゃく）を争うわけにはいかない。

【ソウ=葬 僧 掻 漕 漱】

葬 (艹9)

サッと死に
[葬]サッと葬り 埋め埋葬（ウメマイソウ）
……黒死病（コクシビョウ）

僧 (イ11)

イソイソ
(他日)[僧]田日イロイロ
[侶] あり 僧侶（ソウリョ）
……出家（シュッケ）

掻 (扌10)

[扌]てで又（また）の
[こ][こ]てんてん虫（むし）の
[掻](蚕)のみを掻（か）く
……隔靴掻痒（カッカソウヨウ）

漕 (氵11)

[氵]みず一日（いちにち）
＝日（ふか）も漕（こ）ぐは
[漕]漕艇場（ソウテイジョウ）
……舟（ふね）を漕（こ）ぐ

漱 (氵11)

[氵]みずの束（たば）
[欠]あくびで漱（すす）ぐ
[漱]ひと漱石（ソウセキ）
……『坊（ぼっ）ちゃん』

●「黒死病」とはネズミ、ノミが媒介する伝染病でペストの別名。死体が皮下出血のため黒ずむのが名前の由来。14世紀半ばに全欧州を襲った時は、人口の3分の1が病死した。

【ソウ＝遭 総 聡 槽 瘦】

遭 辶 11
一日と＝日しんにゅう [辶] 遭
ついたち ふか
遭い遭遇
あ ソウグウ
……雪崩
なだれ

総 糸 8 〔意図〕
糸公 心動かし 総動員
いと おおやけ こころうごか ソウドウイン
〔総〕
……大東亜戦争
だいとうあせんそう

聡 耳 8 外
耳ハムろん 心も聡く 聡明だ
みみ こころ さと ソウメイ
〔聡〕
……ロバ

槽 木 11
木一日＝日でまげて 浴槽に
き いちにち ふか ヨクソウ
〔槽〕
……歯槽膿漏
しそうのうろう

瘦 疒 10
やまいなり 臼のぼうひき 又瘦せ瘦身
うす また や ソウシン
〔亡〕 〔一〕 〔瘦〕
……ダイエット症候群
しょうこうぐん

●「あう」の同訓異字は「合、会（遇・逢）、遭」の3字。「合」はひとつに重なる、目が合う。「会」は顔と顔をあわせる、出会い。「遭」は好ましくないものにあう、災難に遭う。

【ソウ＝操 燥 霜 騒 藻】

操 扌 13
[扌]ての品で
[操]（気を操って）木を操って 操を操作 ……成金(なりきん)

燥 火 13
火(ひ)で品の
[燥]木が焦げ焦(こ)る 焦燥感(ショウソウカン) ……材木屋(ざいもくや)

霜 雨 9
雨(あめ)の相(そう)
[霜]雪・雲・霧(ゆき・くも・きり)に 露(つゆ)に霜(しも) ……霜花(ソウカ)

騒 馬 8
馬(うま)が又(また)
[騒]虫(むし)に騒(さわ)いで 動き騒動(うごきソウドウ) ……虻(あぶ)

藻 艹 16
サシた品(しな)
[藻]木(き)とはおもえぬ 藻海藻(も カイソウ) ……一輪挿(いちりんざ)し

●「成金」とは将棋の用語。敵陣に入れば「歩」でも「と金」となって一躍「金」の働きをすることから、急に金持ちになった人。激動期に輩出し、うたかたのように消えてゆく。

【ゾウ＝象 増 憎 蔵 贈】

4 象 ク 10
〔7日〕
〔豕〕〔象〕
なのか。ク日ぶた。
ぶたれぶたれて 象になる
ゾウ
……象徴
ショウチョウ

5 増 土 11
〔土〕〔増〕
土ソれが
田日に増えて 増し増加
たジフ マ ゾウカ
他日
……不法投棄
フホウトウキ

6 憎 忄 11
〔坊〕〔一〕〔憎〕
ぼうハソれ
田日憎んで 憎悪する
たジニク ゾウオ
他日
……裏切り
うらぎり

7 蔵 艹 12
〔戈〕〔蔵〕〔刈〕
「サあノ一た！」臣ほこでかり 蔵土蔵
しん くら ドゾウ
……煙草
たばこ

● 「象」は動物のゾウの形の象形文字。甲骨（こうこつ）文字（殷代の亀甲や獣骨に刻まれた文字、紀元前15世紀）にあるということは、その当時ゾウが中国にいたのだろう。

【ゾウ＝贈　ソク＝即　束　促】

贈 貝 11
目ハゾウ
（他日）[贈] 田日に贈る　贈答品（ゾウトウヒン）……贈賄（ぞうわい）

【ソク＝即　束　促　速　息　側　測　塞　ゾク＝俗　族　賊】

即 卩 5
ヨレてフし
[卩][即] 即ちその死　即死（ソクシ）なり……高速道路（こうそくどうろ）

束 木 3
一口（ひとくち）に
[束] 木の束縛（たばしば）り　束縛（ソクバク）す……薪（まき）の山

促 イ 7
イい口ト
[促] 人（ひと）は促（うなが）し　進（すす）め促進（ソクシン）……玉（たま）の輿（こし）

●「即」とは空間的には「そのまま」の意、例えば「即身成仏」（生きているままで仏になること）。時間的には「ただちに」の意、例えば「即死」（その場ですぐ死ぬこと）。

【ソク＝速 息 側 測 塞】 178

速 （しんにょう 7）
一口に 束ねしんにゅう。。。。。速く速やか〔辶〕〔速〕………迅速 ジンソク

息 （心 6）
自らの 心の息が そく息子〔息〕（意気）（即）………無病息災 ムビョウソクサイ

側 （イ 9）
イい目して ハリきる側の 側近だ〔側〕………側聞 ソクブン（仄聞とも）

測 （氵 9）
シかと目ハ りっとう測り 測定す ソクテイ〔リ〕〔測〕………目測 モクソク

塞 （土 10）
「ウゥさむい！」二ツ土で 塞ぎ閉塞〔塞〕 フサぐ ヘイソク………人間万事塞翁が馬 ニンゲンバンジ サイオウ うま

●「人間万事塞翁が馬」とは「福は禍となり、禍は福となる、人生の吉凶禍福の定めがたい」のを言う。塞（とりで）に住む翁（おきな）のもつ馬をめぐる『淮南子』の故事から。

【ゾク＝俗 族 賊　ソツ＝卒】

俗
イ 7
・ひと ・谷へ
[イ][俗]
俗世間すて
俗念すてて
……俗物

族
方 7
（方位）
方イかえ
[族] 矢は日本の
民族へ
……ソ連邦宣戦布告

賊
貝 6
目八一つ 十のほこもつ
[め][ひと][とう]
[戈][賊]
海の賊
……バイキング

【ソツ＝卒 率　ソン＝存 孫 尊 損】

卒
十 6
けいさんは
[エ]
人人十に
[ひとびと][卒]
卒業す
……算盤塾
[そろばんじゅく]

●米・英・中の3国が日本に対する降伏勧告の宣言（ポツダム宣言、1945年7月26日）をした直後の8月8日、ソビエトは突如、日本に宣戦布告をし「満州」に攻め込んできた。

【ソツ＝率　ソン＝存　孫　尊　損】

率 (十・9)

けいさんを──くムンだ十も

[率] 率い率先
とう　ひき　ソツ セン

……円周率
エンシュウリツ

存 (子・3)

ナー子ども

[存] 存在しても 異存ない？
こ　ソンザイ　イソン

……子連れパパ
こ

孫 (子・7)

子ノ糸は 孫から孫へ 子子孫孫
こ　いと　まご　まご　シシソンソン

[孫]

……家系図
かけいず

尊 (寸・9)
（そいつ）

ソ一西二一寸尊い 尊ぶ尊父
らにし　ちょっ ととうと　たっと ソンプ

[尊]

……日本武尊
やまとたけるのみこと

損 (扌・10)

てと口目 ハでに損なう 損傷だ
て　くちめ　そこ　ソンショウ

[損]

……損害保険
そんがいほけん

● 「円周率」3・14……の値を何桁まで求められるか、スーパーコンピューターを駆使した闘いが日米で続いている。1995年には、32億2122万桁（日本）となる……。

【た行＝滝 但 棚 ダ＝妥 堕 惰 楕 駄】

滝 (タ) 10

みずが立ち 音してこいの 滝のぼり
〔滝〕（鯉）
溪流（けいりゅう）

但 (タ) イ 5

イい日には 一ど但しと ふりかえれ
〔但〕
教訓（きょうくん）

棚 (タ) 木 8

木月月 戸棚に書棚 藤棚に……
〔棚〕（つきづき）（とだな）（しょだな）（ふじだな）
棚上げ（たなあげ）

妥 (ダ) 爫 3

ノッている 女と結び 妥結する
〔妥〕（おんな）（むす）（ダケツ）
妥協（だきょう）

● 「妥」は3つ覚えればよいのダ！「妥協して 妥当ながくで 妥結する……労使交渉」。部首〔爫〕（つめ冠）と木で、表外字「釆」（サイ）。「采配を 風采のいい 采女（うねめ）する」。

【ダ＝堕 惰 楕 駄】

堕 土9 (31)[B]

さんぴんは・・・

有る土ちめぐり　落ち堕落
　あ　と　　　　　　　　お　ダラク
[堕]

⋮
遺産相続
いさんそうぞく

惰 ↑9

ぼうハナエ
[⺙]

にくづき弱く　惰弱なり
　　　　　よわ　　ダジャク
[月][惰]

⋮
惰性
だせい

楕 外 木9

木はナエて　月円くなく　楕円形
き　　　　　つきまる　　　　ダエンケイ
[楕]

⋮
終末
しゅうまつ

駄 馬4

馬が大　てんで太って　駄馬になる
うま　だい　　　　ふと　　　　ダバ
[こ][駄]

⋮
競争馬
きょうそうば

【タイ＝待 怠 胎 耐 泰 逮 袋 隊 替 貸 滞　ダイ＝弟 第】

●バブル経済（1990年前後）によって地価が異常に高騰し「土一升金一升」となると、「遺産相続」をめぐって家族の間で熾烈な争いがおこり〝遺産争族〟の観を呈したのである。

【タイ＝待 怠 胎 耐 泰】

待 イ 6
「ノイとくれ！」土寸と寺で 待ち待機
借金取り

怠 心 5
ム口なり 心も怠け 怠り怠惰
倦怠感

胎 月 5
にくづきが ム口で動いて 胎動す
胎児

耐 而 3
あごひげは 一寸の火には 耐え耐火
鐘馗さま

泰 氺 5
三人は みずと斗う 泰斗なり
玉川兄弟

● 「玉川兄弟」は2人、庄右衛門・清右衛門で「玉川上水」（1654年、多摩川羽村堰から四谷〜大木戸50キロ）をつくる。部首〔氺〕（したみず）は水が「脚」（下側の要素）となる時いう。

【タイ＝逮 袋 隊 替 貸】 184

逮 辶 8
（よく）〔ヨ〕
ヨくだすよ
したみずゆかに しんにゅうす
〔水〕〔尿〕〔隶〕
〔床〕
〔逮〕
……逮捕（タイホ）

袋 衣 5
（いい視点）
イーしてん。
〔こ〕
〔袋〕
衣（ころも）の袋（ふくろ）　郵袋（ユウタイ）だ
……布袋（ホテイ）さま

隊 阝 9
（31）
さんぴんは
〔阝〕
ソ一はぶたの
〔家〕〔隊〕
（そいつ）
部隊（ブタイ）なり
……調理班（ちょうりはん）

替 日 8
二人夫（ふたりづま）
〔替〕
日びの交（まじ）わり
替え交替（かコウタイ）
……一妻多夫（いっさいたふ）

貸 貝 5
（変わり目）
代（か）わり目八
〔貸〕
貸（か）した借（か）りぬの
貸借（タイシャク）関係（かんけい）
……赤（あか）の他人（たにん）に

●〔隶〕「ヨくのびて　はねンしたみず　れいづくり」をもつ常用漢字は３つ。逮（タイ）、隷（レイ）、康（コウ）である。――「逮捕され　奴隷になれば　不健康……徳川家康」。

【タイ＝滞　ダイ＝弟　第　タク＝択】

滞 〔氵〕10

みず(氵)の帯
とどこおり在り　滞在す
梅雨前線(ばいうぜんせん)

弟 〔ソ〕5

ソの弓をひく(丨)ノ弟[弟]
おとうと　兄弟弟子(キョウダイデシ)
舎弟(シャテイ)

第 〔竹〕5

竹(たけ)の弓をひく(丨)ノ第[第]一人者なり
ダイチニンシャ
百発百中(ひゃっぱつひゃくちゅう)

【タク＝択　沢　卓　拓　託　濯】

択 〔扌〕4

て(扌)でコノ人[択]二者択一で選び選択
ひと　にしゃタクイツ　えらセンタク
お見合写真(みあいしゃしん)

●「択・沢」の旧字体は「擇・澤」。よくみる「睪」に「木鐸・銅鐸」（ぼくたく・どうたく）がある。「睪」が「尺」になった常用漢字に「驛→駅」、「釋→釈」、「譯→訳」がある。

【タク＝沢 卓 拓 託 濯】

沢 氵4
みずコノ人　[沢]　沢と潤い　潤沢だ……もう沢山

卓 ト6
ぼく早い　[卓]　卓球のさい　卓抜だ……籠球

拓 扌5
てに石を　[拓]　二十ひろって　干し干拓……人海戦術

託 言3
言ノ七　[託]　かみが宣べれば　ご託宣……ノストラダムス

濯 氵14
みずでヨく　ヨくとり洗い　[隹][濯]　濯ぎ洗濯……おむつ

●「羽」の新字体は「羽」。羽のつく字は「習・翌・翼・扇・翁・翻・弱」と改められたが、部首〔隹〕（ふるとり）が下にくる３つの字は、羽が「ヨヨ」、「曜・躍・濯」となった。

【ダク＝諾 濁 ダツ＝脱 奪】

諾 言8
げんサッと
[諾]若さで受けて 受諾_{ジュダク}する
………海外出張_{かいがいしゅっちょう}

濁 氵13
みずの目は
[勹]つんだ虫_{むし}で 濁り濁流_{ダクリュウ}
………渦巻_{うずまき}

脱 月7
。。。。
にくづきを
[月]ソロりひとあし
[儿][脱]脱ぎ脱衣_{ダツイ}
………ダンサー

奪 大11
大_{おお}とりが。
[隹]一寸奪_{ちょうとうば}って
[奪]取_とり奪取_{ダッシュ}
………生存競争_{せいぞんきょうそう}

●「兄」の下を〔儿〕（ひとあし）というが「ノ」と「し」に分けられるので、「にくづきを ソロりノばして 脱ぎ脱衣」ともよめる。ただし、その際の主人公は「男性」に変わる。

【タン＝丹 胆 淡 短 嘆 端 誕 鍛 ダン＝断 弾 暖 壇】

丹 丶3
月（つき）にてん。[丶][丹]
でる いただき 頂に 丹頂鶴（タンチョウづる）
…… 丹（に）塗り

胆 月5
にくづき。[月]
日に一旦（イッタン）は 大胆（ダイタン）だ
…… 夢精（むせい）

淡 氵8
みず・火に火。[氵][淡]
淡（あわ）い炎（ほのお）で 淡水（タンスイ）に
…… 淡路島（あわじしま）

短 矢7
矢（や）一口（ひとくち）ソ一[短]
短（みじか）く 短小（タンショウ）だ
…… 劣等感（れっとうかん）

● 「丹」の意味に３つある。①あか（丹朱）、②まごころ（丹誠・丹念）、③よく練った丸薬（万金丹・仁丹）。「丹頂鶴」はそのいただき（頂）があか（丹）い鶴で、特別天然記念物。

189 【タン＝嘆 端 誕 鍛】

嘆
口 10

口サ口（愚痴）
[嘆] 夫嘆きの　声嘆声 おっとなげ　こえタンセイ
……妻の家出 つまのいえで

端
立 9

立っ山の　あごひげの端　先先端 たやま　はし　さきセンタン
[而][端]
軒端・道端 のきば・みちばた

誕
言 8
（オギャー）

言ノばし　止まず3人　生まれ誕生 げんノばし　やまず さんにん　うまれタンジョウ
[誕]
……三ッ子 みご

鍛
金 9

金段だん　鍛えて練って　鍛練す かねダンダン　きたえてねって　タンレンす
[鍛]（ダンダン）
……日本刀 にほんとう

金段だん　鍛えるウンと　ム口な鍛冶屋 かねダンダン　きたえるウンと　ムくちなかじや
[鍛]（ダンダン）　　　　　　　　　　　　　[冶]
……陶冶 とうや

●「嘆声」に2つある。「嘆きの声」と「感心して出す声」であるが、ここでの嘆声は、乳飲み児を置去りにされて妻に逃げられた気のいい夫の「ため息」と考えてよいだろう。

【ダン＝断 弾 暖 壇】

断 [斤7]
米（こめ）たてよこ [一] [斤][断] おの で 断（た）つこと　断（ことわ）る 断固（ダンコ） …… 農民（のうみん）

弾 [弓9]
弓（ゆみ）つめで　日（ひ）に十（とう）も弾（ひ）き [弾] 奏（かな）で 弾奏（ダンソウ） …… 弾（はず）む 弾（たま）

暖 [日9]
日（ひ）ノつめが　一人（ひとり）の友（とも）に [暖] 暖（あたた）か 暖気（ダンキ） …… 春（はる）の日射（ひざ）し

壇 [土13]
土（つち）けいさん [二] 回（まわ）して日（ひ）なか [壇] 一（ひと）つ壇（ダン） …… 花壇（かだん）

【チ＝恥　致　遅　痴　稚】

●Ｒ・Ｆ・ベネディクトは『菊と刀』（1946年）のなかで日本文化を、個人内面の罪の意識を基調とする欧米の「罪の文化」と対比させ、体面を重んじる「恥の文化」と命名した。

【チ＝恥 致 遅 痴 稚】

恥
耳 4
耳まっか
[恥] 心恥じらう 恥部みられ 一生の恥

致
至 4
至るぼく。
[致] 致しかたなく 致死量を 服毒自殺

遅
辶 9
コノ羊 しんにゅう
[辶][遅] 遅く 遅れて遅刻 常習犯

痴
疒 8
やまいなり
[疒](野郎) 矢ロうは知って
[痴] 痴漢する 酔い痴れる

稚
禾 8
のぎをとり
[禾][隹][稚] とるが幼く 幼稚なり 稚拙

● 「痴漢」の「漢」は「おとこ」を意味する。この他に「悪漢・酔漢・大食漢・無頼漢・暴漢・冷血漢・門外漢」など迷惑な男たちばかりだが、なかには「好漢・熱血漢」もいる。

【チク＝逐　畜　蓄　チツ＝秩　窒　蟄】

逐
⻌ 7
[豕]
ぶたしんにゅう
[⻌]
遂
馬区逐一
[駆]
駆逐する
……逐語訳

畜
田 5
[⼗]
けいさんを
ー
(玄人)
くム玄とは
[畜]
田で畜産
……畜生！

蓄
艹 10
[⼗]
さけいさん
ー
[蓄]
くム蓄えて
(田くわ)
積み蓄積
……貯蓄

秩
禾 5
[禾]
のぎノ二を
(荷)
[秩]
人が失う
(ひと)(うしな)
秩序なし
……敗戦直後

● 「秩」は機能度の低い（熟語の少ない）漢字で「秩序・秩禄（ちつろく）」を覚えればよい。「秩序」の転覆をはかった「秩父（ちちぶ）事件」1884（明17）年は有名である。

【チツ＝窒 蟄 チャク＝嫡 チュウ＝沖】

窒
穴 6
[窒] 穴に至る 息ができずに 窒息死（チッソクシ）……窒素酸化物（ちっそさんかぶつ）

蟄
虫 11
幸せに 丸くなり虫 [蟄]蟄居する（チッキョ）……啓蟄（けいちつ）

【チャク＝嫡 チュウ＝沖 抽 衷 紐 鋳 駐】

嫡
女 11
くのいちの [女]敵はつまの子 [嫡][妻]嫡子なり（チャクシ）……庶子（しょし）

沖
氵 4
[氵]みずの中 [沖]沖まで積もる 沖積層（チュウセキソウ）……沖合（おきあい）

●空気の体積の78％は窒素、20％は酸素、その他はアルゴン、ヘリウム、炭酸ガスなど。窒素酸化物はNOxで表わし、自動車の排ガスに多く含まれ、大気汚染の原因の1つ。

【チュウ＝抽 衷 紐 鋳】 194

抽
扌 5
[扌]
てに由って 象を抽きだし 抽象す……哲学者

衷
衣 4
[一]
けいさんし 中ノ衣を 折り折衷……呉服商
[二]
けいさんし 中ノ衣を つむ衷心……真心

紐
糸 4
糸刀
[紐]
二つにきれば 紐になる……紐帯

鋳
金 7 (金さんの)
金三ノ 一寸鋳がたで 造り鋳造……鋳物

●日常会話で「抽象的だ」といえば「具体的」の反対語としてマイナスの意味だが、哲学用語の「抽象」（abstraction）は「哲学それ自身」といえるほど重要な概念である。

【チュウ＝駐　チョウ＝弔　挑】

駐 馬 5

馬の主[駐] 車をとめて 駐車（チュウシャ）する……駐在員（ちゅうざいいん）

【チョウ＝弔　挑帳彫眺釣脹超腸跳徴嘲澄聴
懲　チョク＝勅】

弔 弓 1

弓ひいた[一弔] やつを弔（とむら）う 弔辞（チョウジ）よむ……代表取締役（だいひょうとりしまりやく）

弓をひく[一弔] 弔い合戦（とむらいがっせん） 旗弔旗（はたチョウキ）……豊臣秀吉（とよとみひでよし）

挑 扌 6

てがノビン[挑] しくじり挑（いど）み また挑戦（チョウセン）……名人戦（めいじんせん）

●織田信長は「本能寺の変」（1582年6月2日）で明智光秀によって自害させられる。その十日後、豊臣秀吉は「山崎の戦い」（京都府）で、主君信長の「弔い合戦」に勝利する。

【チョウ＝帳 彫 眺 釣 脹】

帳　巾8
巾長い　どん帳あがり　帳場あり……第一幕

彫　彡8
周りから　さんづくり彫り　彫刻す……鎌倉彫

眺　目6
目がノビン　しくじる眺め　眺望台……望遠鏡故障

釣　金3
金ノつつみ　てんでよく釣る　釣人だ……釣天狗

脹　月8
にくづきが　長く膨らみ　膨脹す……海綿体

● 「海綿体」は哺乳動物の陰茎・陰核の主体をなす組織である。海綿状の構造の静脈性管腔で、神経系の作用により内部に血液を満たして膨脹、陰茎・陰核をかたく勃起させる。

【チョウ＝超 腸 跳 徴 嘲】

超 走5
（どっと人）
土っト人
[超]召しとり超えて 超満員
……刑務所

腸 月9
月日たち 一つ勿ろん 腸げんき
……腸

跳 足6
口止めて「あ兆っ！」と跳んで 跳ね跳躍
……ブルースリー

徴 彳11
行く山へ「王！」ぼく。。集め 徴集す
……登頂費用

嘲 口12
口で朝 嘲り笑い 嘲笑す
……自嘲

●エベレストに登頂するには金がかかる。最後のベースキャンプから頂上へ行く人数は限られる。隊長は誰を選抜するかに悩むが、頭をよぎる１つに「登頂費用」のことがある。

【チョウ＝澄 聴 懲 チョク＝勅】

澄 氵 12
[ž] [澄]
みず登り 上には澄んだ 上澄みが
チョウメイ
澄明

聴 耳 11
耳十目と [聴] 心で聴くは 聴心器
チョウシキ
触診
しょくしん

懲 心 14
「行け山へ！」 王ぼく心 [攵][懲] 懲らす懲罰
オウ 。。こゝろ こ チョウバツ
懲役
ちょうえき

勅 力 7
一口に 束ねる力 [勅] 勅語なり
ひとくち たば ちから チョクゴ
教育勅語（一八九〇年）
きょういくちょくご

【チン＝沈 珍 朕 陳 鎮】

●「教育勅語」（明23年）は「朕惟（おも）フニ我カ皇祖皇宗国ヲ肇（はじ）ムルコト……」と始まり、「一旦緩急あるときは義勇公に奉ずる」のが国民の本分であると強調した。

【チン＝沈 珍 朕 陳 鎮】

沈 氵 4
シワノばし
[沈]
黙って沈み 沈黙す
　　　　　　チン モク
鏡台前
きょうだいまえ

珍 王 5
「王！」ひとが さんにん 珍
おう　　　　　　　　　　めずら
[彡][珍]
しい珍客
　　チン キャク
椿事
ちんじ

朕 月 6
にくづきが ソ一大きな 朕である
[月][そいつ][いお][朕]　　　　チン
不敬罪
ふけいざい

陳 阝 8
（31）
さんぴんは 束で述べて 陳述す
[阝][陳][ひがし]　　　　　　チンジュツ
陳腐な話
ちんぷ はなし

鎮 金 10
金を十 目一八 いやり 鎮め鎮静
きん とお め いち ば　　　しず チン セイ
[鎮]
金権政治
きんけんせいじ

●「不敬罪」とは旧刑法（1882〔明15〕年）で天皇・皇族などに対して「不敬行為」をした場合に成立する罪。新憲法に適合させるための刑法改正（1947〔昭22〕年）で廃止。

【つ行＝塚 漬 坪 燕 壺 ツイ＝墜 ツウ＝痛】

塚 土 9
土ワたし。
[冢]塚
ぶたのかたちに 一里塚
……塚原卜伝

漬 氵 11
[塩]シお十二
[漬]貝を漬けこみ 漬け物に
……塩漬け

坪 土 5
土ち一つ
[ソイつ]ソ一十坪を 平にす
……33平方

燕 灬 12
廿口 北へてんてん、、、燕いく
[䜌]燕
……燕雀 安んぞ～
エンジャクいずく

● 塚原卜伝は、室町後期、戦国時代の剣客。新当流の祖で諸国を歴遊したことで知られる。
●「燕雀安ぞ鴻鵠（こうこく）の志（こころざし）を知らんや」『史記』（司馬遷）の言葉。

【つ行＝壺　ツイ＝墜　ツウ＝痛　テイ＝呈】

壺 士 8 （外つ）
さむらいは ふるい亞細亞の 壺をもつ
[土] [壺] アジア つぼ
……思う壺
おもつぼ

墜 土 12 （31）
さんぴんの ソの隊士に 落ち墜落
[阝] [墜] たいつち おツイラク
……航空自衛隊
こうくうじえいたい

痛 疒 7 6
やまいだれ マメが月でて 痛み痛烈
[亠] （豆が突きてて）[一][痛] つき いたツウレツ
……痔主
じぬし

【テイ＝呈 廷 抵 邸 亭 剃 貞 帝 訂 逓 偵 堤 提 艇 締▶

呈 口 4
口で王 二だと小さく 示して呈示
くち おう [呈] に [示] ちい しめ テイジ
……贈呈金
ぞうていきん

●「亜」の旧字体は「亞」、「壺」は表外字だが、新字体「亜」と同じ「壷」もみかける。
「壺」には滝壺などの他に「灸をすえる壺」、「壺に嵌まる」「壺をこころえる」壺もある。

【テイ＝廷 抵 邸 亭 剃】

廷 ⟨ヌ⟩ 4 ⟨野⟩
ノざむらい ⟨土⟩ 3にゅうするが 閉じ閉廷…………法廷

抵 ⟨扌⟩ 5 ⟨手⟩
てで氏そこ [二][抵] 触れば触れて 抵触す…………猥褻罪

邸 ⟨阝⟩ 5
氏が一り さんぴんとすむ (3)(1)[阝][邸] 邸宅に…………邸

亭 ⟨亠⟩ 7 ⟨六⟩
けいさんを 口にするのワ [土] [亭] 丁亭主…………亭主関白

剃 ⟨刂⟩ 7 ⟨外⟩
おとうとは りっとうで剃り 髪剃髪 [弟][リ][剃]…………暴走族

●デモに出て「大抵は 抵抗すれば 抵触す……公務執行妨害」。「抵」の意味はそれぞれ異なる。①おおよそ。②さからう。③ふれる。他に④「相当する」意味の「抵当」がある。

【テイ＝貞 帝 訂 逓 偵】

貞 ト 7

トても貝ハ
[貞] 操の堅い 貞操堅固
……見合い結婚

帝 巾 6

立つワたし
[帝] 巾ある帝 女の女帝
……推古天皇

訂 言 2

言一つ
「」 のばしてはねて「」
[訂] 正し訂正
……校正者

逓 辶 7
(野から野に)

ノからノニ
巾をはかって しんにゅうす
[辶] [逓]
……逓信隊

偵 イ 9

イイトても
[偵] 貝内がわを 内偵す
……偵察隊

●「逓」には「逓減・逓増」(だんだんへる・ふえる)という熟語がある。「逓信省」は1885(明18)年に設置され、1949(昭24)年に郵政省と電気通信省に分かれて廃止された。

【テイ=堤 提 艇 締】 204

堤 土9
土を日び 下げ人つくる 堤堤防（つつみテイボウ）……防波堤（ぼうはてい）

提 扌9
てで日びに 一ト人提灯（ひとりちょうちん） 提げ提督（さげテイトク）……勝海舟（かつかいしゅう）

艇 舟7
舟（ふね）にノリ さむらい3にゅう（士）（又）〔艇〕 競う競艇（きそうキョウテイ）……SF（エスエフ）

締 糸9
〔意図〕締
糸帝（いとみかど） 締めて結んで 締結す（テイケツ）……日英同盟（にちえいどうめい）

【デイ=泥 テキ=笛 摘 滴 適 敵 デキ=溺】

●「日英同盟」（1902〔明35〕年〜21〔大10〕年）は、日清戦争後ロシアの東アジア進出を牽制し、朝鮮・中国における日本、イギリスの利益擁護を目的として結ばれたもの。

【デイ＝泥　テキ＝笛　摘　滴　適】

泥
氵 5
・みず
［氵］
泥
・コノヒ
泥どろの水　泥水に……泥酔（デイスイ）

笛
竹 5　3
竹に由（よ）る
［笛］
笛や太鼓の鼓笛隊（コテキタイ）……カーニバル

摘
扌 11
・て
［扌］
でけいさん。〔二〕
それワ古（ふる）いと
［摘］
指（さ）し指摘（シテキ）……摘出（てきしゅつ）

滴
氵 11
・みず
［氵］
・けいさん。〔二〕
それワ古（ふる）いぞ
［滴］
滴（したた）る滴（しずく）……点滴液（テンテキエキ）

適
辶 11
けいさんし〔二〕
ソいつワ古（ふる）く〔口〕
しんにゅうす
［適］
……適中（テキチュウ）

●「摘・滴・適・敵」のうち特に誤るのは「適」と「摘」。それは熟語「指摘」において〝指適〟と間違うが、正しくはどちらも部首〔扌〕（てへん）がつくことを指摘しておく。

【テキ＝敵　デキ＝溺　テツ＝迭　哲】

敵 (攵 11)

けいさんし ソいつワ古い ぼくの敵
[攵][敵]
……父の敵(かたき)

溺 (氵 10)

さんずいに 弱く溺れて 溺死体(デキシタイ)
[氵][弱]
……溺愛(できあい)

【テツ＝迭 哲 鉄 徹 撤】

迭 (辶 5)

失えば しんにゅうできず 更に更迭(サラにコウテツ)
[辶][迭]
……突撃隊長(とつげきたいちょう)

哲 (口 7)

折口は『死者の書』をかく 哲学者(テツガクシャ)
[哲]
……折口信夫(おりぐちしのぶ)

●「迭」（テツ）は失（シツ）の転音「失」（テツ）が音符、「さ行音」は「た行音」によく通じあう。子供は、お父さんを、お父たんと言う。迭の熟語は「更迭」を覚えればよい。

【テツ＝鉄 徹 撤　テン＝点】

鉄
金 5
かねうしな
金失う
[鉄]
コクテツ
国鉄はだめ　ジェイアール JR
………民営分割

徹
彳 12
ゆ
行くけいさん
[十二]
(六月)
[夂][徹]
つき
ム月でぼくは
よる テツヤ
夜徹夜
………千葉大医学部

撤
扌 12
て
てでけいさん
[十二]
(六月)
[夂][撤]
つき
ム月でぼくは
テッキョ
撤去する
………老朽施設

【テン＝点　添　転　デン＝殿】

点
灬 5
トロ
トロうてん
[三][点]
れっかにもえて
ヒャクテン マン テン
百点満点
………共通一次

●「徹」と「撤」との間違いはよく「貫徹」についておこる。徹は「ノイとくれ　けいさんム月　ぼく徹夜」とも詠めるので、「貫徹にはノイとくれ精神が必要だ」と覚えておこう。

【テン＝添　転　殿　ト＝斗】208

添 氵8 （師）
シノ一人（ひとり）　したごころあり　添え添付（そえテンプ）……ラブレター 〔小〕[添]

転 車4
車（くるま）ずき　云（うん）まり転び　転向す（テンコウ）……収賄罪（しゅうわいざい） [転]

殿 殳9 （父）
コノもの共（ども）　るまたで殿の（との）　殿堂づくり（デンドウ）……殿上人殿（テンジョウびとどの） 〔殳〕[殿]

【ト＝斗　吐　徒　途　渡　塗　賭　と＝峠　ド＝奴　努　怒】

斗 斗0 （柄杓）
てんてん十（と）　ひしゃくの星（ほし）は　北斗星（ホクトセイ）……寝台急行（しんだいきゅうこう） 〔こ〕[斗]

●「添付」（てんぷ）の同音異字に「貼付」がある。「添付」は「補いとなるものを添え付けること」であるのに、「貼付」は「紙片を糊で貼（は）り付けること」（写真を貼付）。

【ト＝吐 徒 途 渡 塗】

吐 口3
口で十
［吐］土に血を吐き　吐血する
………喀血

徒 イ7
ノイとくれ
［徒］走りを競う　徒競争
………生徒

途 辶7
余しんにゅう
［途］し方わからず　途方にくれる
………童貞

渡 氵9
さんずいを
［渡］度たび渡り　渡航する
………遣隋使

塗 土10
みずを余は
［塗］土と塗りこみ　塗装する
………塗炭の苦しみ

●「吐血」とは「胃や食道など消化器からの出血」、「喀血」とは「肺や気管支、気管からの出血」、「下血」（げけつ）とは「消化管内の出血が肛門から出る」ことをいう。

賭 峠 奴 努 怒

賭 貝9
目ッ者(もの)ども 〔こ〕賭 てんなり賭(か)ける 賭博場(トバクジョウ) …… 丁半(ちょうはん)

峠 山6
山上(やまあ)がり 峠(とうげ) 下(さ)がるところに 峠茶屋(とうげぢゃや) …… 大菩薩峠(だいぼさつとうげ)

奴 女2
くのいちは 〔奴〕又(また)をつかって 守銭奴(シュセンド)に …… 娼婦(しょうふ)

努 力5
くのいちは 〔努〕又力(またちから)こめ 努(つと)めて努力(ドリョク) …… 出産(しゅっさん)

怒 心5
くのいちが 〔怒〕又心(またごころ)から 怒(いか)って怒(おこ)る …… 怒気怒気(ドキドキ)する

●「峠」は国字。国字は日本製の漢字で600字以上あるという。木偏、草冠、金偏、魚偏、鳥偏に多い。「常用漢字表」には「込・搾・峠・働・畑・塀・匁・枠」の8字がある。

【トウ＝到 逃 倒 凍 棟 痘 筒 稲 踏 蕩 謄 闘 騰 陶 盗 塔 搭 湯】

到 至2
至(いた)り着く
到着(トウチャク)すれば
到達点(トウタッテン)
……アムンゼン

逃 辶6
〔蝶〕
兆(ちょう)しんにゅう
〔辶〕[逃]
逃(に)げて逃(のが)れて
走(はし)り逃走(トウソウ)
……夜(よる)の蝶(ちょう)

倒 イ8
〔イ〕
ひと至(いた)り [到]
ゴールで倒(たお)れ
卒倒(ソットウ)す
……マラソン

凍 冫8
〔冫〕と東(ひがし) [凍]
凍(こお)り凍(こご)えた　土凍土(つちトウド)
……ツンドラ

● 「アムンゼン」はノルウェーの探検家。1911年、英国のスコット隊に先駆け、初の南極点到達に成功。26年、飛行船で北極を通過。28年、遭難した探検隊の捜索中に消息を断つ。

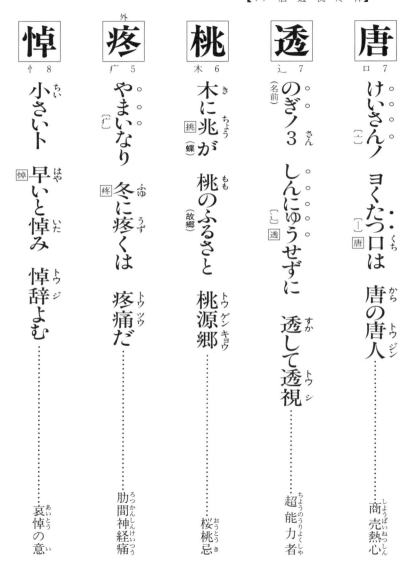

●「桃源郷」とは陶淵明(365〜425)の『桃花源記』による理想郷。湖南省武陵の漁夫が仙境に迷い込み歓待されたが、再びたずねてもついに見つけることはできなかったという。

【トウ＝陶 盗 塔 搭】

陶
阝 8
(31)
[阝]
・・・
さんぴんノ
[勹]
つつむ缶(ほとぎ)は [陶] 陶器(トウキ)なり……焼(や)き物(もの)

盗
皿 6
(31)
[阝]
・・・
さんぴんノ
[勹]
つつむ缶(ほとぎ)に [陶] 酔い陶酔(トウスイ)……国宝級(こくほうきゅう)

次(つぎ)つぎに [盗][更に] 皿(さら)に盗(ぬす)むは 窃盗犯(セットウハン)……前科十犯(ぜんかじっぱん)

塔
土 9
土(つち)サッと [塔] 合(あ)わせ婆(ばあ)さん 塔婆(トウバ)たて……五重(ごじゅう)の塔(とう)

搭
扌 9
[扌]
てをサッと [搭] 合(あ)わせて乗(の)るは 搭乗員(トウジョウイン)……スチュワーデス

● 〔土〕（つちへん）と〔扌〕（てへん）の漢字で形が似ているものがある。塔・搭、坑・抗、堤と提、場と揚、堀・掘だが、〔土〕が「名詞」で、〔扌〕が「動詞」であることに注目。

【トウ＝湯 棟 痘 筒 稲】 214

湯 ⟨氵9⟩
みず・ゆ・ひ
みずを日に 一ど勿ろん [湯]湯に銭湯(セントウ) …… 湯女(ゆな)

棟 ⟨木8⟩
き・むね・ジョウトウ
木一日 東の棟の [棟]棟木上棟 …… 棟梁(とうりょう)

痘 ⟨疒7⟩
やまい・まめ・テンネントウ
やまいなり [痘]豆てんてんと 天然痘 …… ジェンナー

筒 ⟨竹6⟩
たけ・おな・まる・エントウケイ
竹同じ 円い筒なり 円筒形 …… 水筒(すいとう)

稲 ⟨禾9⟩
のぎ・ノツめ・いね・スイトウ
のぎノツめ [稲]1日にして 稲ならず …… 水稲(スイトウ)

●ジェンナー（1749〜1824）はイギリスの医師、牛痘にかかった者が「天然痘」にかからないことに気づき、1796年に牛痘種痘法を発見。予防接種の創始者となる。

【トウ＝踏 蕩 謄 闘 騰】

踏
足 8
口止めて　水よう日には　踏み踏破
[踏]
‥‥人跡未踏の地

蕩
艹 12 (外)
サッと湯が　尽きてなくなり　蕩尽す
[蕩]
‥‥放蕩

謄
言 10
にくづきが　ソー大きな　言謄写
[月]（そい）（いおお）
[謄]
‥‥戸籍謄本

闘
門 10
門のなか　豆が一寸で　闘い闘争
（もん）（まめちょっと）
[闘]
‥‥籠城

騰
馬 10
にくづきが　ソー大きな　馬騰貴
[月]（そい）（いおお）
[騰]
‥‥競馬馬

●Rome was not builtin a day.（ローマは1日にしてならず）。『ドン・キホーテ』の中の言葉だが、「稲」もまた1日にしてならず。かつて肉体労働の結晶として米粒は崇められた。

【ドウ＝洞　胴　導　憧】

洞　氵6
〔氵〕〔同〕
みず・同じ　洞にはいると　洞察す
……洞ヶ峠

胴　月6
〔月〕〔同〕
にくづきが　同じ体の　胴体だ
……寸胴

導　寸12
〔導〕
道一寸　指して導き　指導する
……導師

憧　忄12
〔坊〕〔㐁〕
ぼう八立ち　里に憧れ　憧憬す
……丁稚

●漢字の大部分が「形声文字」といわれ「象形文字」を組み合わせてできている。洞・胴において部首〔氵〕〔月〕が意味を表す「意符」であり、同が音を表す「音符」である。

【トク=匿 得 督 篤　ドク=毒 独　トツ=凸 突】

匿 (亠 8)
一若い くせに名をふせ 匿名に
……連判状

得 (彳 8)
行く日には 一つと一寸と 得て得意
……松茸狩り

督 (目 8)
上小又 目で促して 督促す
……現場監督

篤 (竹 10)
竹馬に のった竹馬の とも危篤
……篤実

●新しく入った威勢のいい鳶（とび）の兄さんは、命綱もつけずに天辺のところで作業している。自分で登って注意できない監督は、部下の一人に"お前行け"と目で促している。

【ドク=毒 トツ=凸 突】

毒 母4
十二にん [毒]母の食じで 食中毒(ショクチュウドク) ……誕生会(たんじょうかい)

独 犭6
ノけものに。。(除け者)[犭] [独]虫独り占め(むしひとりじめ) 独占す(ドクセン) ……ワシントン条約違反(じょうやくいはん)

凸 凵3
凹がさかさ。うける鏡(かがみ)は [凵][凸]凸面鏡(トツメンキョウ) ……凸凹(でこぼこ)

突 穴3
穴一人(あなひとり) [突]突いて入って(ついてはいって) 突入す(トツニュウ) ……一番のり(いちばんのり)

【トン=屯 豚 ドン=貪 鈍 曇】

●「毒」の下は母ではなく「毋」(ブ)。常用漢字表の新字体では「毋」以外はすべて母にかえられ「毎・梅・海・悔・侮・敏」となった。ただし、毒の旧字体はやはり毋の「毒」。

【トン＝屯 豚　ドン＝貪 鈍 曇】

屯 ノ 3 (野山知り) [屯]

ノ山しり　屯（たむろ）するのは　屯田兵（トンデンヘイ）

……北海道（ほっかいどう）

豚 豕 4

にくづきの　[月]　いいぶた養（やしな）う　[豕][豚]　養豚業（ヨウトンギョウ）

……豚（ぶた）に真珠（しんじゅ）

貪 貝 4

今（いま）の貝　[貪]　貝（かい）を貪（むさぼ）る　貪欲（ドンヨク）

……欠食児童（けっしょくじどう）

鈍 金 4

金ノ山（きんのやま）　[鈍]　しらずに鈍（にぶ）く　鈍感（ドンカン）だ

……猫（ねこ）に小判（こばん）

曇 日 12

日（ひ）が雨（あめ）ニ　[曇]　雲（くも）に曇（くも）って　曇天（ドンテン）だ

……曇（くも）りのち晴（はれ）

● 「豚に真珠」とは「マタイ福音書第7章第6節」にある『聖書』からの諺であるが、日本の諺である「猫に小判」の出自は明らかでない。しかし、同じ意味と考えてよいだろう。

【ナン＝軟 難 ニ＝尼 弐】

ナ　【ナン＝軟 難　ニ＝尼 弐　ニュウ＝乳　ニョウ＝尿　ニン＝妊 忍 認】

軟 車4
一日十
あくび　軟らか　体軟体
［欠］〔軟〕
……新妻

難 佳10
サと口ニ
夫ふるとり　難しい
［隹］〔難〕
……難く　難渋

尼 尸2
ヲノヒから
尼さんとなる　尼僧なり
〔尼〕
……剃髪

弐 弋3
二にンがし
てんでねうちの　弐万円
㈣〔弐〕
……半額セール

● 「やわらか」の同訓異字は「軟・柔」。「軟」は硬の対で、力を加えれば形が変わるくらい「軟らかい」。「柔」は剛の対で、力をはなすとすぐ元にもどるくらい「柔らかい」。

【ニュウ＝乳　ニョウ＝尿　ニン＝妊 忍 認】

乳 (6画) 乙7

ノッている　子がしぼりとる　乳母乳 [乳]

……カンガルー

尿 (4画) 尸4

コノ水は　尿道ゆく　尿道を [尿]

……尿療法

妊 (4画) 女4

くのいちノ　任さむらいの　こを妊娠 [女][士][妊][子]

……お世継ぎ

忍 (3画) 心3

刀のメ　刃をば心に　忍ばす忍者 [刀][刃][忍]

……残忍

認 (7画) 言7

言＝刃　心で認め　認識す [言][認]

……忍者

●「味噌も糞も一緒」という言葉があるが、尿も糞も一緒にされている。しかし、尿は腎臓で濾過された「血液」であり、糞とはちがい、微生物学的には清潔そのものである。

【ね行＝鼠　ネイ＝寧　ネツ＝熱　ネン＝粘　ノウ＝悩　能　納　脳　濃】

鼠 (鼠 0) 外ね
臼(うす)のした ヒニヒニヒかき 鼠(ねずみ)なり……窮鼠猫をかむ(キュウソねこ)

寧 (宀 11) 浮(ウ)く
ウく心(こころ) 四丁(よんちょう)みがく 丁寧(ティネイ)に……拳銃(けんじゅう)

熱 (灬 11) 4
十一八い 土(つち)を丸(まる)めて れっかで熱(ネツ)す……熱(あつ)い窯(かま)

粘 (米 5)
米(こめ)トロとろ・・みずが夜(よる)には 粘(ねば)る粘液(ネンエキ)……お粥(かゆ)

●中国では、「ねばねばする」という言葉は「セン」と発音されていた。「ねばねばするごはんつぶ」は、米と占で粘。「ねばねばする魚」は、魚と占で鮎(中国ではなまず)。

【ノウ＝悩 能 納 脳 濃】

悩
忄 7
小さくて ツメられぬはこ。悩んで苦悩……旅行カバン

能
月 6 (六画)
ム月ヒビ 能く能く動き 能動的……胎児

納
糸 4
糸内に 入れて納入 得て納得……納屋

脳
月 7
にくづきを ツメたうけばこ 頭脳なり……アインシュタイン

濃
氵 13
みず曲がる 辰はところが 濃くてすき……濃霧

●天才の脳は普通人の脳より重いか。スピッカという学者は欧米諸国における傑出人千名と普通人千名を比較して、傑出人の脳の平均重量は普通人に比べて重いと結論している。

【ハ＝把　覇　は行＝箱　肌　薔　バ＝婆　罵】

ハ

把 (扌4)
[扌] てで巴(ともえ)(巴御前)ごぜんは握り 把握(ハアク)する……………弓矢(ゆみや)

覇 (西13)
西(にし)革(かく)めい（革命）[月][覇] にくづきのいい 者(もの)が覇者(ハシャ)……………ブルジョアジー

箱 (竹9)
竹(たけ)と木(き)で [箱] 目(め)をあみ小箱(こばこ) 貯金箱(ちょきんばこ)……………函館(はこだて)の人(ひと)

肌 (月2)
。。。。[月] にくづきに ノってる [肌] 肌(はだ)は 肌理(きめ)こまか……………秋田美人(あきたびじん)

●「巴御前」は平安末期の武将木曾義仲の側妾。武勇にすぐれた美女で、義仲が源義経らに敗れて近江へ逃れた際も従って奮戦し勇名をあげた。のちに、尼となるが生没年未詳。

【は行＝薔　バ＝婆　罵　ハイ＝拝】

薔 ｻｯと十[艹 13]

外は

サっと十人人土を 回し薔薇……花壇

婆 [女 8]

シワしわの 皮の波たつ 女は老婆……婆・爺

罵 [罒 10]

目で馬を 罵り倒し 罵倒する……罵詈雑言

【ハイ＝拝
杯　配　排　敗　廃　輩】

拝 [扌 5]

てノ三ど のばして拝み 拝礼す……ご焼香

● 「父の耳　又取りにくる　くそ爺（じじい）……国性爺合戦（こくせんやかっせん）」。
「婆」は常用漢字であるが「爺」は表外字である。「好好爺」としてはいられないぞ！。

【ハイ＝杯 配 排 敗 廃】

杯 木 4
木を一つ イ(ニ)いてんつけて 杯(さかずき)に
[ニ]杯
……乾杯(カンパイ)

配 酉 3
西(にし)ヨコし(越し)
[配]己(おのれ)で配(くば)り 配達(ハイタツ)す
……引(ひ)っ越しソバ

排 扌 8
[扌]てに非(あら)ず
[斤]おので斥(しりぞ)け 排斥(ハイセキ)す
……武闘派(ブトウハ)

敗 攵 7
[攵]目ハぼくに
[敗]敗(やぶ)れて北(きた)は 敗北(ハイボク)す
……にらめっこ

廃 广 9
广まーだれ。
[亡]の
[廃]発(はつ)めい廃(すた)れ 廃棄物(ハイキブツ)
……算盤(そろばん)

●「引っ越しソバ」は「おそばに参りました」の意をかけている。勿論、自分で配るものではなく、近所の蕎麦屋から向こう三軒両隣へ「もりそば」を出前させたものらしい。

【ハイ＝輩　バイ＝倍　梅　培】

《バイ＝倍　梅　培　陪　媒　煤　賠　徴》

輩
車 8
(野)
ノに三だい　たてに三だい
[輩] 車我輩（くるまわがハイ）
……カーマニア

3 倍
イ 8
ひと立たせ
[倍] 口にいれれば　倍倍に（バイバイ）
……膨脹

4 梅
木 6
木ノ一つ
[梅] 母梅（ははうめ）をさし　白梅（シラバイ）と
……梅雨時（つゆどき）

培
土 8
土立たせ
[培] 口で培（つちか）い　培養（バイヨウ）す
……土蜘蛛（つちぐも）

●梅──「梅（うめ）え雨　梅雨（つゆ）をふらせる　梅雨（ばいう）前線」。6月から7月上旬にかけて北海道をのぞいて続く長雨が「梅雨」。このころ、梅の実が熟す期間にあたる。

【バイ＝陪 媒 煤 賠 黴】

陪 ― ㊸8 (31)
・さんぴんが
[㊸]
立つ口でする
[陪]
陪(バイシイン)審員
……
裁(サイばンしょ)判所

媒 ― 女9
・・・・くのいちに
[女]
甘(あま)い木のある
[気]
[媒]
某(ぼう)媒酌(バイシャク)
……
甘木君(あまきくん)

煤 ― 火9
・・火が甘(あま)く
[煤]
木(き)が煤(すす)となる
煙(けむり)煤煙(バイエン)
……
森田草平(もりたそうへい)

賠 ― 貝8
目(め)八立(た)って
[賠]
口(くち)「償(つぐな)え!」と
賠償金(バイショウキン)
……
被害者(ひがいしゃ)

黴 ― 外 黒11
行(ゆ)く山(やま)へ 一(ひと)つ黒(くろ)ぐろ
[夂]
[黴]
ぼく。。黴(かび)とりに……
黴菌(バイキン)

●「平塚らいてう」との恋愛事件（塩原の尾花峠の心中未遂）に想をえたのが『煤煙』（明治42年）で「森田草平」の出世作。「らいてう」も明治44年に『青鞜』（せいとう）を創刊。

【ハク＝伯 拍 泊 迫 舶 博 薄】

伯 イ5
イい白い 画をかく伯父は 画伯なり……実力伯仲

拍 扌5
[拍]ての白い 子が拍子とり 手で拍手……白拍子

泊 氵5
[泊]みずノ日は 泊まる一泊 宿に宿泊……大井川

迫 辶5
あノ日にも 。。。。 しんにゅう迫る 力迫力……アンネの日記

● 「大井川」は静岡県駿河湾にそそぐ。江戸時代は東海道第1の難所・要所であり、渡船・架橋は禁じられ、旅人は人足の肩車か、輦台（れんだい）に乗るしか渡る方法がなかった。

【ハク＝舶 博 薄 バク＝漠】

舶 舟5
舶 舟は白 来る品ものは 舶来品（ハクライヒン）……欧米崇拝（おうべいすうはい）

博 十10
博 十一日 たてば一寸は 学び博学（まなびハクガク）……博徒（バクト）

薄 艹13
薄 サ十一日 たてば、一寸は 薄は薄く（すすきうす）……薄命（ハクメイ）

【バク＝漠 暴 縛 爆】

漠 氵10
漠 みずくさが 日にひに大に 広く広漠（ひろくコウバク）……阿寒湖（あかんこ）

●北海道の「阿寒湖」には特別天然記念物の「毬藻」（まりも）が生じる。緑藻類の一種で、鮮緑色・球状（2〜15センチ）で、日光にあたれば水面に浮かび転がり動く芸術品。

【バク＝暴 縛 爆 ハツ＝鉢】

暴
日 11
日共は したみず暴れ 走り暴走
（下見ず）〔氵〕
暴露

縛
糸 10
糸一日 1てん一寸 縛り束縛
内職

爆
火 15
火で日共 したみず暴れ 自ら自爆
（下見ず）〔氵〕
火炎瓶闘争

【ハチ＝鉢 ハツ＝髪 バツ＝伐 抜 罰 閥】

鉢
金 5
金を木の 一つの鉢に 托鉢僧
修行

●「日共」は日本共産党のこと。この党はかつて一般大衆とともに歩む姿勢を捨て、指導部が「下見ず」（部首〔氵〕（したみず））に暴走し、過激な戦術をとった一時期がある。

【ハツ＝髪　バツ＝伐 抜 罰 閥】

髪
髟 4
〔镸〕(眺むれば)
〔彡〕
ながむれば　さんざんのびる
髪　友髪理髪 とも かみ リ ハツ
……間一髪 かんいっぱつ

伐
イ 4
〔イ〕〔戈〕
ひとほこで　ばっさり殺す サッバツ　殺伐
……処刑 しょけい

抜
扌 4
〔扌〕抜
てで友は　刀を抜いて　抜刀す とも かたな ぬ バットウ
……抜群の腕 ばつぐん うで

罰
罒 9
〔リ〕〔罰〕
目でものを　言いりっとうで　罰うける め い バツ
……罰当 バチあたり

閥
門 6
〔イ〕〔戈〕〔閥〕
門のなか　ひとほこをもち　閥つくる もん バツ
……軍閥 ぐんばつ

●部首〔髟〕(かみがしら)の「镸」は「長」が偏(左側の要素)になった時の形。〔彡〕(さんづくり)をそえて美しくそろった長いかみのこと。髢・髯・鬚などがある。

【ハン＝犯 帆 伴 坂 畔 般 販 搬 煩 頒 範 繁 藩 バン＝蛮 盤】

犯 犭 2
けものなり [巳] [犯] フして犯(おか)すは 凶悪犯(キョウアクハン) …… 婦女暴行(フじょぼうこう)

帆 巾 3
巾(はば)ノある [帆] 一、で帆(ほ)をはって 走(はし)り帆走(ハンソウ) …… 出帆(しゅっぱん)

伴 イ 5
イソー(そい) [伴] 半(なか)ば伴(ともな)い 走(はし)り伴走(バンソウ) …… 伴侶(ハンリョ)

坂 土 4
土(つち)が反(そ) [坂] おとこ坂(ざか)なら 急坂(キュウハン)だ …… 女坂(おんなざか)

●「順風満帆」(じゅんぷうまんぱん)は日本製の四字熟語である。そのためか、最後の「帆」(ばん)を訓の「ほ」につられてか"ぽ"と誤るむきがある。全部「音」で読んで欲しい。

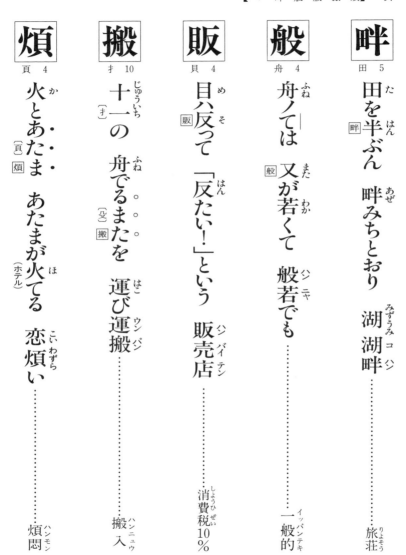

●遠洋漁業に出航すれば、半年は海の上の暮らしである。船に乗っている手の年齢は若い。寄港すれば、たとい鬼のような女、般若でも美女にみえるのが「一般的」な傾向である。

【ハン＝頒 範 繁 藩】

頒 頁4

ハ(頁)ン分の 頁の価 頒(頒)価なり……頒布会

範 竹9

竹(竹)一日 十フ(巳)しをぬく 模範囚……知能犯

繁 糸10

毎(毎)どぼく 糸(糸)で栄えて 繁栄す……ガチャ万

藩 艹15

・・・くさみず(艹)(氵)の 番(藩)する主は 藩主なり……版籍奉還

火とあたま(頁)(煩) 煩う悩み 煩悩だ……即菩提

●「頒」の訓は「常用漢字音訓表」にないが「わける」。「頒価」とは実費で「わけるあたい」の意味だが、字体の似る「領」につられて〝りょうか〟と誤読されるむきがある。

【バン=蛮 盤 ヒ=妃 彼】

蛮 虫6 [赤]
・・・
ぺんぎんを
[蛮] 虫（むし）と南（みなみ）の　南蛮人（ナンバンジン）
……野蛮人（やばんじん）

盤 皿10
・・・
舟（ふね）ノてを
[盤]（更に）又（また）皿（さら）につけつけ　盤石（バンジャク）だ
……奴隷船（どれいせん）

【ヒ=妃
彼披泌肥卑疲秘被扉費碑罷避▶

妃 女3 [女]
・・・
くのいちは
[妃] 己（おのれ）が妃（きさき）　王妃（オウヒ）だと
……自己主張（じこしゅちょう）

彼 イ5
・・・
ノイとくれ
[彼] 皮（かわ）をむきあう　彼彼女（かれかのじょ）
……彼岸（ヒガン）

●「彼岸」（ひがん）とは「この世の迷いや、悩みからぬけ出た悟りの境地」。反対語は「此岸」（しがん）。ここでの彼彼女は"迷いや、悩みを忘れた夢見ごこち"でミカンを食べる。

【ヒ＝披泌肥卑疲】

披 (扌5)
[扌] てで皮を
[披] 露にむいて 披露する
……露出狂

泌 (氵5)
みずソレハ
[氵]
[泌] 必ずとおる 泌尿器を
……分泌

肥 (月4)
にくづきが
[月]
[肥] 巴ごぜんは (巴御前) 肥え肥満
……肥溜

卑 (十7)
(のたうつの)
ノ田うつノ
[卑] 十ても卑しい 劣って卑劣
……逮捕劇

疲 (疒5)
やまいなり
[疒]
[疲] 皮も疲れて 疲労する
……厚化粧

●「泌尿器」とは、尿をつくり、ためて、体外へ出す、腎臓（じんぞう）、尿管、膀胱（ぼうこう）、尿道のこと。「泌」の熟語は「泌尿器」と「分泌」の２つを覚えておけばよい。

【ヒ＝秘 被 扉 費 碑】

秘 禾5
のぎソレハ〔禾〕
秘 必ず秘めて 秘蔵する
……種籾（たねもみ）

被 ネ5
ころもまた〔ネ〕
被 皮も被る 被害なり
……虫食い（むしくい）

扉 戸8
戸に非ず〔扉〕
扉 扉を開き 開扉する
……ご開帳（かいちょう）

費 貝5
弓＝弗（ゆみ2ドル）
費 目八費やすが 費用なし
……骨董屋（こっとうや）

碑 石9
〔石の谷〕
石ノ田に ノぼれば十の
碑 碑石碑（いしぶみ セキ ヒ）
……石川啄木（いしかわたくぼく）

● 「石川啄木」（1886〜1912）の本名は石川「一」（はじめ）である。啄木という名は、彼の「啄木鳥」（きつつき）という詩の1編から、与謝野鉄幹が命名したものである。

【ヒ＝罷　避　ひ行＝姫　ビ＝尾】

罷
罒 10

目がム能
[罷] 免れがたく　罷免なり
　　　　　　　　ヒメン
………人事部長
　　　じんじぶちょう

避
辶 13

コ口は
辛くしんにゅう。
[辶][避]
避け避難
　さ　ヒナン
………倦怠期
　　　けんたいき

【ひ行＝姫　ビ＝尾　眉　美　備　媚　微　鼻　ヒツ＝匹　必　ヒイ＝贔】

姫
女 7

くのいちは
[女]
臣したがえる
　しん
姫君だ
ひめぎみ
………千姫
　　　せんひめ

尾
尸 4

コノ毛は尾
[尾]　け　お
首は首尾なり
くび　シュビ
　　末末尾
　　すえマツビ
………尾張
　　　おわり

●「罷」には「ヒ」が２つもあるのに、「同盟罷業」（ストライキ）の略である「罷業」（ひぎょう）を、「羅列」（られつ）の「ら」につられてか"らぎょう"と誤るむきがある。

【ビ＝眉 美 備 媚】 240

眉 (目 4)

コノぼうは 〔一〕

[眉] 目の眉眉目 めまゆビモク 秀麗だ シュウレイ

……眉唾物 まゆつばもの

コノぼうは 〔一〕

[眉] 目の眉あいだ め まゆ〔間〕 眉間なり ミケン

……未見 みけん

美 (羊 3)

ソ一たて二 〔一〕〔一〕 (そいつ)

[美] 大いに美しく美人 おお うつく ビジン

……クレオパトラ

備 (イ 10)

ひとサっと 〔イ〕

がんを月だし 〔厂〕 つき〔備〕

備えて準備 そな ジュンビ

……荒野の決闘 こうや けっとう

媚 (女 9) 外

くのいちは 〔女〕

コノぼうつかい 〔一〕

[媚] 目に媚墨 め まゆずみ

……媚び媚態 こ ビタイ

●「微苦笑」(びくしょう)は大正時代の造語である。芥川龍之介は「久米正雄君所生(しょせい)の『微苦笑』『強気弱気』などは……」と『侏儒の言葉』で言及している。

241 【ビ＝微 鼻　ヒツ＝匹　必】

微 イ 10
行く山へ一ノルぼくには　微かな微笑
（祈る）
[文][微]
やま　い　　　　　　　　　　　　　かす　ビショウ
ゆ
……救助隊
きゅうじょたい

鼻 鼻 0
自らの　田らすサ鼻を　孔鼻孔
[鼻]
みずか　た　　はな　あなビヨウ
……花粉症
かふんしょう

匹 匚 2
一ルかどの　に匹の敵と　匹敵す
[匚][匹]
い　　　　　ひきてき　　ヒッテキ
……ブルドック

必 心 1
ソレもう　必ず至る　必至なり
[必]
かなら　いた　　ヒッシ
……円高
えんだか

必
ソレもう　必ず要るぞ　必要だ
[必]
かなら　い　　ヒツヨウ
……コンドーム

●「コンドーム」を初めて手にした時、この商品名をつけた人物に敬意を表した。「今度生む」（コンドウム）、今回は生まない、だから「コンドーム」？（condom を必見のこと）。

【ヒョウ=漂 憑 ビョウ=苗 病 描 猫】

贔 (外) 貝 14
目ハみっつ コノ貝だけを 贔屓する……依怙贔屓

漂 (氵) 11
みず西を 示し漂い 流れ漂流……漂白

憑 (外) 心 12
ンと馬に 心憑かれる 憑依なり……競馬狂

苗 (外) 艸 5
サっと田に 苗代つくり 苗育苗……種苗店

●「漂流」の漂と「漂白」の漂は意味が違う。流れ「ただよう」と白く「さらす」。「漂泊」は泊まり「さすらう」。白も名詞 white にとどまらず「告白」ならば、動詞「もうす」。

【ビョウ＝病 描　猫　ヒン＝浜】

病 (疒5)

やまい。
[疒]
やまいなり　一りで内で　病む病

[病]

……鬱病・疾病

描 (扌8)

[扌]
てでサっと
[描]
田んぼの苗を　描いて描写

……日本画家

猫 (犭8)

(野)
[犭]
ノにけもの　サっと田をゆく　猫愛猫
[猫]

……愛玩動物

【ヒン＝浜　貧　賓　頻　ビン＝敏　瓶】

浜 (氵7)

(新兵)
[浜]
シん兵は　浜の海浜　ホテルいり

……最初だけ

● 「貧すれば鈍する」貧もあれば、「貧にして道を楽しむ」貧もある。「分れ目は　貧しさでなく　弱さ貧弱」。人間の気品は物質的な「貧しさ」と関係なく精神の「貧弱」さで決まる。

【ヒン＝貧 賓 頻 ビン＝敏】 244

貧 貝 4

分かれ目ハ [貧] 貧しさでなく 弱さ貧弱……貧乏
（わ）（め）（まず）（よわ）（ヒンジャク）（ビンボウ）

賓 貝 8

ウち一つ 少ない貝を [賓] 賓客に……国賓
（ひと）（すく）（かい）（ヒンキャク）（こくひん）

頻 頁 8

歩のあたま [頁][頻] 頻りにうごく 頻繁に……ヘボ将棋
（ふ）（しき）（ヒンパン）（しょうぎ）

歩くとき あたま頻りに ふる頻頻……アヒル
（ある）[頁][頻]（しき）（ヒンピン）

敏 攵 6

イい母と [攵][敏] ぼくは感ずる 敏感に……マザコン
（はは）（かん）（ビンカン）

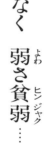

● 「敏」の旧字体は「敏」、「イ」い「母」と「攵」（ぼく）がいる。母は「いい」ものであるが「敏感」に感ずるようでは「マザー・コンプレックス」（和製英語）といっていい。

瓶

瓦 6
(そい つ)

ソーサと一レててんして [こ][瓶] 瓶詰に…… 苺ジャム

【フ＝扶 舞】

扶怖附負赴浮婦符普腐敷膚賦譜 ブ＝侮

扶

扌 4
(ふたり)

[扌] てで二人 [扶] 夫養い 扶養する……細腕繁盛記

怖

忄 5
(ちい)(はば)(こわ)(おそ)(キョウフ)

[怖] 小さナ巾 怖いと恐れ 恐怖する……平均台

附

阝 5
(31)[阝](さんぴんは)[附](つ)(フゾクヒン)(殿)

さんぴんは 付きびととの 附属品……江戸時代

● 「机龍之助」は中里介山『大菩薩峠』の主人公。失明寸前に「眼は心の窓じゃという。俺の面(かお)から窓をふさいで心を闇にする――いや最初から俺の心は闇であった」と。

【フ＝負 赴 浮 婦 符】 246

負
ク 7
〔苦し〕
くるし目ハ
[負]負けて負うのは 傷負傷
……机龍之助

赴
走 2
はしりぼく。
[卜][赴]任に赴き 赴任する
……栄転

浮
氵 7
みずノって
[浮]子が浮く力 浮力なり
……アルキメデス

婦
女 8
くのいちが
[女]ヨワった巾の ある婦人
……隣座席

符
竹 5
たけノぼう。
[一][符]寸合わせて 符合する
……勘合符

● 「アルキメデス」（紀元前3世紀）は「浮力の原理」（液体の中の物体は、それと同体積の液体の分量だけ軽くなる）を湯舟で発見、「ヘウレイカ！」と叫び裸で外に飛び出した。

【フ＝普 腐 敷 膚 賦】

普
日 8
ソー＝ソー（そいつ）
いにいに 並んで 日びに 及んで 普及……カップラーメン
[普]

腐
肉 8
まだれ付く 肉は腐って 腐敗する
[亡][腐]
腐臭（ふしゅう）

敷
攵 11
一日に たてて方ぼう ぼく敷き敷設
[攵][敷]
地雷（じらい）

膚
月 11
トラの胃は やま膚のよう 皮の皮膚
[虍][膚]
鮫肌（さめはだ）

賦
貝 8
貝二つ（ふた） 止レと武しょうが 賦役かす
[取れ][賦]（武将）
海女（あま）

● 「腐敗」するのは具体的なもの「肉」に限らない。抽象的なもの「政治」もまた「腐敗」し肉と同様に「腐臭」を放つ。言葉は「具体から抽象へ向かう意志」をもっているようだ。

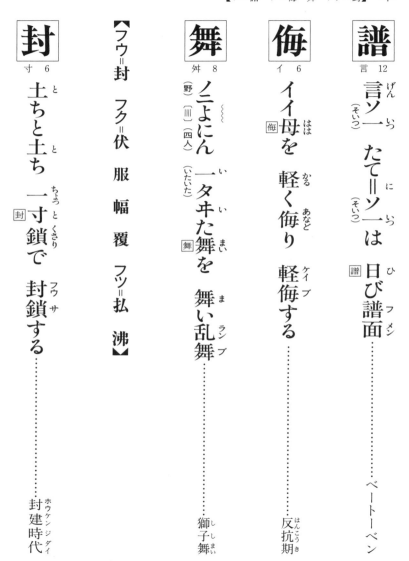

●「反抗期」には「第1」(3、4歳)と「第2」(青年期)がある。反抗期がないなどと喜んでいると、成人してからむやみやたらとただ「反抗的」な大人になるから要注意。

【フク＝伏 服 幅 覆 フツ＝払】

伏 （イ 4）

[伏] イイ犬は 雌なり伏して 雌伏する

雄飛

服 （月 4）

にくづきの 刀のばせば 又服従

思い込み

幅 （巾 9）

巾一ロいろ（いろいろ） 田んぼの幅は 幅員は

稲作初期

覆 （西 12）

西に行き 復覆す 覆面剣士

面を覆う

払 （扌 2）

[払] てでムりに 払えば底が 払底す

墓口（がまぐち）

●警官が「制服で 着服すれば 服役だ……服毒自殺」。それぞれの「服」は意味が異なる。
①身につけるもの。②自分のものにする、③したがう、④薬や茶、煙草などをのむ。

【フツ＝沸　フン＝粉　紛】

沸 氵5

・みず弓＝[沸]
・みず弓＝[沸]

沸いてふつふつ　沸騰す(フットウ)

沸(わ)かして煮(に)るは　煮沸(シャフツ)なり

…釜揚げ饂飩(かまあげうどん)

…消毒(しょうどく)

【フン＝粉 紛 雰 噴 墳 憤 奮 糞】

粉 米4

米八(こめはつ)こ

[粉]刀(かたな)で粉(こな)に　末粉末(すえフンマツ)

…身(み)を粉(こ)にし〜

紛 糸4

糸八(いとはつ)ぽん

[紛]刀(かたなまぎ)紛(まぎ)れて　失(う)せ紛失(フンシツ)

…紛糾(ふんきゅう)

●「粉」の訓は「こ」と「こな」。「身を粉にして……」を"こな"と誤読するむきがある。「脂粉」の粉は「おしろい」の意味、「粉飾」の粉は「うわべをかざる」意味である。

251 【フン＝霧 噴 墳 憤 奮】

霧 雨 4
雨(あめ)八分(はっぷん)　囲(かこ)まれていい　雰囲気(フンイキ)に
〔雰〕
……相合傘(あいあいがさ)

噴 口 12
口(くち)で十サ　貝(かい)は噴(ふ)き出し　噴出(フンシュツ)す
〔噴〕
……潮吹(しおふ)き

墳 土 12
土(つち)が十サ　貝(かい)の墓(はか)か　墳墓(フンボ)かも
〔墳〕
……E・S・モース

憤 忄 12
ぼう八十サ　貝(かい)八憤(いきどお)り　憤慨(フンガイ)す
〔憤〕
……全学連(ぜんがくれん)

奮 大 13
大(おお)とりが　田(た)で奮(ふる)いたち　奮起(フンキ)する
〔隹〕〔奮〕
……大型(おおがた)トラクター

●E・S・モース（1838〜1925）はアメリカの動物学者。1877(明10)年に来日し、東京大森駅近くに「縄文時代の貝塚」を発見する。大森貝塚は日本の近代考古学発祥の地となる。

【フン＝糞　ヘイ＝丙　併　並】252

【ヘイ＝丙　併　並　柄　陛　塀　幣　弊】

糞 [外] 米 11
米が田と [糞]共に異なる　糞と糞
(こめ)(た)　(とも)(こと)　(くそ)(フン)

……糞尿(ふんにょう)

丙 一 4
一り内　丙午なり　丙午なり
(ひと)(うち)　(ひのえうま)　(ヘイゴ)
[丙]

……嫁いけず(よめ)

併 イ 6
ひとソー　[併]サッと併せて　日韓併合
(イ)(そいつ)　(あわ)　(にっかん)(ヘイゴウ)

……伊藤博文(いとうひろぶみ)

並 ソ 6
ソー＝ソー　[並]並んで立って　並立す
(そいつ)(に)(なら)(た)　(ヘイリツ)

……並木(なみき)

●1910（明43）年、韓国は日本の領土（日韓併合）となるが、「伊藤博文」はその前年の10月26日、ハルビン駅頭で民族主義者「安重根」（あんじゅうこん）の弾丸に倒れた。

253 【ヘイ＝柄 陛 塀 幣 弊】

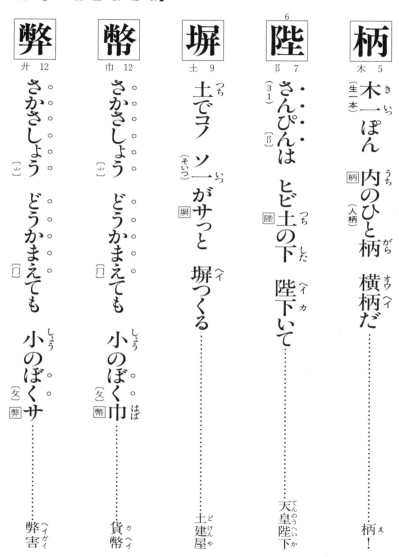

柄 木5（生本）
木一ぽん 内のひと柄 横柄だ …… 柄え！
〔柄〕（人柄）

陛 阝7 (31)
さんぴんは ヒビ土の下 陛下いて …… 天皇陛下
〔陛〕

塀 土9
土でコノ ソ一がサッと 塀つくる …… 土建屋
〔塀〕（そいつ）

幣 巾12
さかさしょう どうかまえても 小のぼく巾 …… 貨幣
〔ツ〕〔冖〕〔幣〕

弊 廾12
さかさしょう どうかまえても 小のぼくサ …… 弊害
〔ツ〕〔冖〕〔攵〕〔弊〕

●「陛」は階の白を「土」にした平凡な字であるが、「読める字」だが「書けない字」の筆頭であろう。6年生で習ったあと、読むことはあるが、書く機会は絶無といっていい。

【ヘキ＝壁 癖 ベツ＝蔑 ヘン＝偏 遍】

壁 土 13
コフ口に 立つ十の土 壁絶壁……マッターホルン

癖 疒 13
やまいコフ 口辛い癖 うその癖……誇大妄想狂

蔑 艹 11
サッと目で ノ二あるほこを 蔑み蔑視……鉄砲隊

偏 イ 9
ひとが戸に いっ冊でなく 偏り偏愛……ヘアー写真集

●「壁」に似た字に「土」が「玉」の表外字「璧」があり「完璧」という熟語をつくるが よく"完壁"と誤る。家は壁（かべ）を作って完成するから"完壁"だと思うのか。

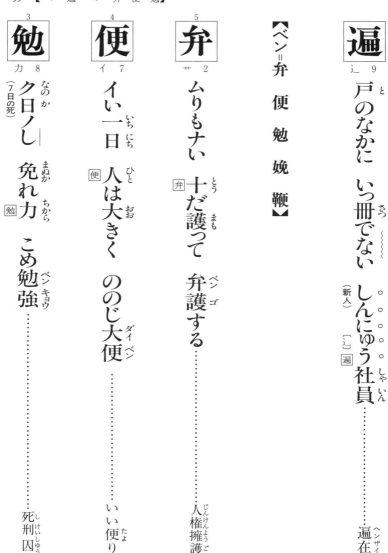

【ヘン＝遍　ベン＝弁　便　勉】

遍 9 しんにゅう
戸のなかに　いっ冊でない　しんにゅう社員（新人）…遍在（ヘンザイ）

【ベン＝弁　便　勉　娩　鞭】

弁 2 ++
ムリもナイ　十だ護って　弁護する（ベンゴ）…人権擁護（じんけんようご）

便 7 イ
イい一日　人は大きく　ののじ大便（ダイベン）…いい便り（たよ）

勉 8 力
ク日ノし（7日の死）　免れ力（まぬかちから）　こめ勉強（ベンキョウ）…死刑囚（しけいしゅう）

●入院患者は「脈泊・体温・排便（小便・大便の有無と回数）」のチェックを毎朝うける。
日常生活では気にかけないこの３つが、改めて健康のバロメーターであることを知る。

【ホ＝哺 捕浦補舗】

【娩】女7
くのいちは
夕日ひとあし（7日人足）
〔女〕〔儿〕〔娩〕
なのか
だし分娩（ブンベン）
……逆子（さかご）

【鞭】革9
つくりがわ
〔革〕
ひと更にうつ
〔イ〕〔鞭〕
鞭（むち）ベンベン
……ご鞭撻（ベンタツ）

【哺】口7
口一月
〔一突〕〔哺〕
さして、乳（ちち）やる
哺乳類（ホニュウルイ）
……授乳（じゅにゅう）

【捕】扌7
扌一月
〔一突〕〔捕〕
さして捕（つか）まえ
捕らえ捕虜（ホリョ）
……捕捉（ホソク）

●胎児は母胎内では重い頭を下にしているのが正常であるが、「逆子」は頭を上にする逆の姿勢になっている。分娩時は脚部からでる異常分娩で「帝王切開」が必要な場合もある。

【ホ＝浦　補　舗　ほ行＝堀】

浦 氵 7
みず一月 たって、浦浦 曲がって曲浦 …… 新名所
（氵）[⺡補] （うらうら）（ま　キョク　ホ）（しんめいしょ）

補 ネ 7
ころもへん 一月たって、補い補修 …… 柔道着
（ネ）（ひとつき）[⺡補] （おぎな　ホシュウ）（じゅうどうぎ）

舗 人 13
舎一月 たってりっぱな 店店舗 …… 舗装道路
（しゃ　ひとつき）[⺡舗] （みせ　テンポ）（ホソウドウロ）

【ほ行＝堀　ボ＝募　墓　慕　暮　模　簿】

堀 土 8
土をコノ ぼうで山にし 山に堀 …… 掘る
（つち）　　　（やま）[⺡堀]（やま　ほり）（ほ）

●「甫」（ホ）は人名用漢字（166字、法務省の所管）の1つ。「かみ・すけ・とし・なみ・のり・はじめ・まさ・もと・よし」などと、どう読まれてもよいほどに読まれている。

【ボ＝募 墓 慕 暮 模】

募
力 10
サした日が
一か八か で
募るはふあん
（不安）
……募金

墓
土 10
サっと日が
大きな土の
墓墓地に
……仁徳天皇陵

慕
小 10
サした日に
大いにこころ。
慕うは慕情
……恋

暮
日 10
サっと日が
一八の日が
暮れ暮色
……夕焼け

模
木 10
木でサっと
日大せいが
造って模造
……大規模

● コンドームなしの無防備なセックスのあと、抽象的な不安が「募る」。生理が止まり妊娠したとなると具体的な金を「募る」、募金活動をする高校生もいるらしいという話である。

【ボ=簿　ホウ=芳　邦　奉】

簿　竹13（たけ）
竹シ一日（いちにち）
たって一寸（ちょっと）で　[簿]記す（しるす）簿記（ボキ）
……九月決算（くがつけっさん）

【ホウ=芳　邦　奉　抱　泡　放　胞　倣　俸　峰　砲　崩　飽　褒　縫】▶

芳　艹4
くさ（艹）
。。1万[芳]　香り（かおり）芳し（かんばし）　芳香（ホウカ）あり
……菜の花畑（なのはなばたけ）

邦　阝4
三ノ（さのさ）
三ノ3ひく[一][邦]　楽しむ（たのしむ）邦（くに）の　邦楽（ホウガク）を
……さのさ節（ぶし）

奉　大5
三人（さんにん）で
キ（木）を奉り（たてまつり）[奉]　奉納（ホウノウ）す
……三奉行（サンブギョウ）

●「簿記」はbook-keeping を明治初年に翻訳したもの。●「さのさ節」は明治30年ごろ流行した俗謡。一節の終わりに「さのさ」というはやし詞（ことば）がつくものらしい。

【ホウ＝抱 泡 放 胞 倣】

抱
扌 5
(扌)
てノつつみ
[勹]
[抱] 己(おのれ)で抱(かか)え 抱(だ)き抱(いだ)く
……抱擁(ホウヨウ)

泡
氵 5
(氵)
[四][泡] シ/包(つつ)み
泡(あわ)ときえゆく 泡沫(ホウマツ)候補(コウホ)
……買収(バイシュウ)資金(シキン)

放
攵 4
(方位)
方(ホウ)イかえ
[目][攵][放] メをぼく放(はな)つ 放送(ホウソウ)記者(キシャ)
……取材(シュザイ)

胞
月 5
(月)
にくづきノ つつみ己(おのれ)の
[勹][胞] 細胞(サイボウ)だ
……胞子(ホウシ)

倣
イ 8
(イ)
いい方(ほう)を
[攵][倣] ぼくは倣(なら)って 模倣(モホウ)する
……模範生(モハンセイ)

● 「抱擁」は「抱きかかえて愛撫する」具体的な行為をいい、同音異字「包容」は「ひろく包みこんでうけ容れる」抽象的な在り方をいう。「ほうよう力」とは後者、「包容力」。

【ホウ＝俸 峰 砲 崩 飽】

俸
イ 8
イい三人（さんにん） 二十給（にじゅうたま）わる　俸給（ホウキュウ）を〔俸〕……天下（あまくだ）り

峰
山 7
山（やま）はふゆ〔冬〕 三十（さんじゅう）の峰（みね）　高（たか）い高峰（コウホウ）〔峰〕……穂高連峰（ほだかれんぽう）

砲
石 5
石（いし）つみ〔勹〕 コしいれ己（おのれ）〔砲〕 砲丸（ホウガン）なげ……オリンピック競技（きょうぎ）

崩
山 8
山月月（やまつきづき）〔崩〕 崩（くず）れて壊（こわ）れ 崩壊（ホウカイ）す……秩父武甲山（ちちぶぶこうざん）

飽
食 5
しょくへんノ〔食〕 つつみ己（おのれ）は〔勹〕〔飽〕 飽（あ）き飽食（ホウショク）……冷凍食品（れいとうしょくひん）

● 「武甲山」は埼玉県秩父市にある山。かつて海抜1336メートル。古来より信仰登山が盛んであったが、石灰岩の採掘により山が月月「崩」されて無残にも姿を変えつつある。

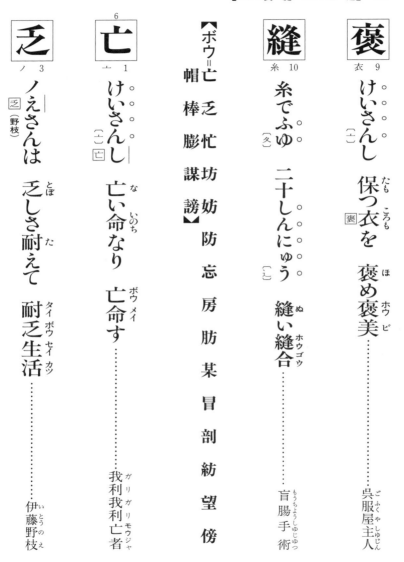

【ホウ=褒 縫 ボウ=亡 乏】

褒 衣9

けいさんし
[上]
保つ衣を 褒め褒美
…呉服屋主人

縫 糸10

糸でふゆ
[冬]
二十しんにゅう
[辶]
縫い縫合
…盲腸手術

【ボウ=亡
帽 棒 膨 謀 謗】
乏 忙 坊 妨 防 忘 房 肪 某 冒 剖 紡 望 傍

亡 亠1

けいさんし
[亠]
亡い命なり 亡命す
…我利我利亡者

乏 ノ3

ノえさんは
[乏]（野枝）
乏しさ耐えて 耐乏生活
…伊藤野枝

●関東大震災（1923〔大12〕年9月1日）のあと、無政府主義者の大杉栄・伊藤野枝夫妻は、甥の橘（たちばな）宗一とともに、憲兵大尉甘粕（あまかす）正彦に虐殺される。

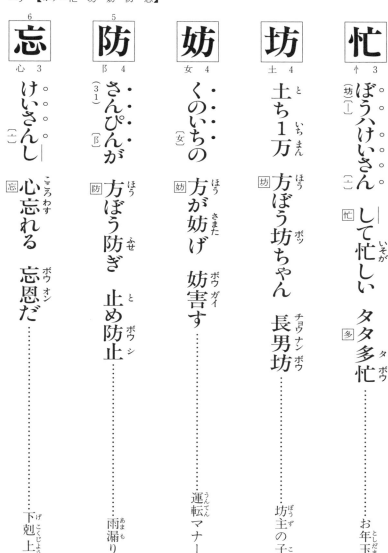

【ボウ＝房 肪 某 冒】 264

房
戸4

一ヨノ方(ほう) [房]

ひと房(ふさ)冷やし 冷房(レイボウ)す

巨峰(きょほう)

肪
月4

一ヨノ方(ぼう) [房]

ち房(ぶさ)がゆれる 房事(ボウジ)なり

四十八手(しじゅうはって)

肪
月4

にくづきが [月] 方(ほう)ぼうヒ日に [脂] 脂(あぶら)の脂肪(シボウ)

肥満体(ひまんたい)

某
甘4

甘(あま)い木(き)ね [某] 某(それがし)にいう 某女(ボウジョ)あり

某(なにがし)

冒
目4

日目おかす (姫) [冒](犯す)

き険(けん)を冒(おか)し 冒険(ボウケン)す (危険)

打ち首(うちくび)

●「冒」を日と目にわけて「日目」→「ひめ」→「姫」。同訓異字「おかす」に「犯・侵・冒」。「犯」は悪いことをする、「侵」はむりに入りこむ、「冒」はむりに行なうこと。

【ボウ＝剖 紡 望 傍 帽】

剖 リ 8
立つ口を りつとうで解き 解剖す
……三百代言（さんびゃくだいげん）

紡 糸 4
糸1万 紡いで織るは 紡織機（ボウショクキ）
……産業革命（さんぎょうかくめい）

望 月 7
けいさんし―月づき王は 望んで希望（キボウ）
……第一子（だいいっし）

傍 イ 10
ひと立つワ 方ぼう傍ら 傍観者（ボウカンシャ）
……傍若無人（ぼうじゃくぶじん）

帽 巾 9
巾（はば）のある 日目は帽子（ボウシ）を 脱ぎ脱帽（ヌダツボウ）
……コンテスト

● 「産業革命」は1770年代にイギリス、1830年代にフランス、アメリカ、そしてドイツ、19世紀末に日本へと波及したが、いずれも繊維工業（製糸・紡績・織物）から始まった。

【ボウ＝棒 膨 謀 謗】 266

棒 木8
木三ぼん 人が「キ！」となり 棒にする
棒暗記

膨 月12
にくづきを 士口に ソ一さんざん
膨れ膨脹

謀 言9
言甘く 某の謀るは 無謀な謀反
明智光秀

謗 言10
言立つワ 方ぼう謗り 誹謗する
知識人

【ボク＝朴 僕 墨 撲 ボツ＝没】

●もし「光秀」の謀反（1852年）がなく織田信長（享年48歳）が生きていたら日本の近世・近代史は？ 関ヶ原の戦い、(1600年) 信長56歳、大阪夏の陣 (1615年) 信長73歳である。

【ボク＝朴 僕 墨 撲 没】

朴 木2
(生=本)
木1ぽん。てんでまっ直ぐ 朴直だ
[こ][朴]
ボクチョク
朴念仁
ぼくねんじん

僕 イ12
ひと＝り ソ一とソ一 夫の下僕
[イ] (そいつ) [僕]
ふた いつ いつ おっと ゲボク
僕
しもべ

墨 土11
黒い土 水と墨とで 水墨画
[墨]
くろ つち みず すみ スイボクガ
墨汁
ぼくじゅう

撲 扌12
てで＝り ソ一とソ一 夫撲殺
[扌] (そいつ) [撲]
ふた いつ いつ おっとボクサツ
ナチ親衛隊
しんえいたい

没 氵4
みずノてが 又きて沈み 沈没す
[氵] [没]
また しず チンボツ
戦艦大和
せんかんやまと

●「大和」は旧日本帝国海軍の世界最大の戦艦、基準排水量6万4千トン、1941（昭16）年完成。45（昭20）年、沖縄へ出撃の途中、アメリカ軍機の雷撃（らいげき）を受け沈没。

【ホン=奔 翻 ボン=凡 盆】

奔 大 5
一人十(ひとり とう)　さっさと走り[奔]　奔走(ホンソウ)す　……トイレットペーパー

翻 羽 12
番(ばん)がきて[翻]　羽翻(はねひるがえ)し　翻弄(ホンロウ)す　……へたな翻訳(ほんやく)

凡 几 1
ノっている。　てんで平凡(ヘイボン)　凡例(ハンレイ)は　……学術書(がくじゅつしょ)
〔二〕[凡]

盆 皿 4
(発憤し)　八分(はっぷん)し[盆](更に)　皿(さら)に踊(おど)るは　盆踊(ボンおど)り　……東京音頭(とうきょうおんど)

● 「凡」の音は「ボン」(呉音)と「ハン」(漢音)でハンと読むのは「凡例」(はんれい)だけ。凡人、凡夫、凡百、平凡のボンにひきずられて"ぼんれい"と誤読しないこと。

【マ=麻 摩 磨 魔】

マ【マ=麻 摩 磨 魔 ま行=又 儘】

麻 麻 0
まーだれの [麻]林に麻の 大麻(タイマ)あり……麻薬(まやく)

摩 手 11
麻(あさ)を手(て)に [摩]天(てん)までのぼる 摩天楼(マテンロウ)……冒険野郎(ぼうけんやろう)

磨 石 11
まーだれの [磨]林(はやし)で石(いし)を 磨(みが)いて研磨(ケンマ)……新石器時代(しんせっきじだい)

魔 鬼 11
まーだれの [魔]林(はやし)に鬼(おに)の 魔羅(マラ)がある……阿部定(あべさだ)

● 「魔羅」とは「男女いずれにとっても、煩悩を起こす元になる、陰茎」(『新明解国語辞典』)。阿部定は吉蔵の「魔羅」を切り取って逃亡するが3日後に逮捕された(昭和11年)。

【ま行＝又 儘 マイ＝枚 埋】

又 [又0] _ま
フメば又（また）
（踏め）
又（また）フメという
（又従姉妹）
又（また）いとこ
……又（また）しても

儘 [イ14] _{ま（外）}
ひとヨつつ たてに一よん。
[|] [三]
儘（まま）（更に） 皿に気儘（きまま）に
……回転寿司（かいてんずし）

【マイ＝枚 埋 マク＝幕 膜 マツ＝抹 マン＝慢 漫 饅】

枚 [木4] 6
木ノ一つ メがあり ぼくは
[目] [夂] [枚]
枚挙（マイキョ）する
……枚方（ひらかた）で

埋 [土7] _ま
土日でて
[|]
[埋] 土に葬（ほうむ）り 埋め埋葬（マイソウ）
……愛犬（あいけん）

● 「儘」の音は「ジン」、〔イ〕（にんべん）をとった「盡」（ジン）は常用漢字「尽」の旧字体。――「ヨ（余）をたて〔│〕て 一（じゅう）よんてん〔灬〕を 皿にもる……盡力する」。

【マク＝幕 膜　マツ＝抹　マン＝慢 漫】

幕
巾 10
サッと日が 一八いのはば。開き開幕 …… 初舞台

膜
月 10
にくづきを サす日一人で 粘膜に …… 初夜

抹
扌 5
ての末の ゆびさきで消し 抹消す …… 一抹の不安

慢
忄 11
ぼう八日目 又たたせると 自ら自慢 …… 泡姫

漫
氵 11
みずと日目 又遊びたく 漫遊す …… 海水浴

●「粘膜」とは、脊椎動物の消化器・呼吸器・泌尿生殖器などの内壁にある軟らかい組織で、神経が分布し、粘液を分泌する。古来より、拷問はこの粘膜をいたぶる場合が多い。

【マン＝饅　ミ＝味　魅　み行＝岬】

饅
倉11
しょくす日目
[倉]
[饅] 又頭から 饅頭を……口直し

【ミ＝味　魅　み行＝岬　ミツ＝密　蜜　ミャク＝脈　ミョウ＝妙　ミン＝眠】

味
口5
口ニ木を
[味] 味わう味は 味覚なり……ニッキ

魅
鬼5
鬼未だ 力があって
[魅] 魅力的……嚊天下

岬
山5
山に日の さがるところが
[岬] 岬なり……室戸岬

●「饅頭」の中国語は「マントー」。日本には14世紀（1341年）に中国から帰化した宋の「林浄因」が伝えたとされている。川柳に「食いあきた饅頭指で抉（くじ）ってる」とある。

273 【ミツ＝密 蜜　ミャク＝脈　ミョウ＝妙　ミン＝眠】

●「筆順」は必ずしも1つではない。しかし、自己流では形が不自然になったり、別の字にみえたりする。「必」は心にノではなく、それは「ソレハ」と書けばそれは美しい。

【ム＝矛 武 夢 霧 む行＝娘】

矛 （矛 0）
ヨ ノほこる
[矛] 矛は盾とは 矛盾する
ほこ たて ムジュン
……韓非子
かんぴし

武 （止 4）
ニを止めた じてんで武装 武者ぶるい
と [武] ブソウ ムシャ
……戦国武将
せんごくぶしょう

夢 （夕 10）
サっと目を ワタしはとじて 夢夢中
め [夢] ゆめ ムチュウ
……オナニー

霧 （雨 11）
雨のした 矛で務める 霧の中
あめ ほこ つと [霧] きり なか
……五里霧中
ゴリムチュウ

●四字熟語「五里霧中」（『後漢書』）の読み方は「ごりむ・ちゅう」、五里霧の中という意味であり、"ごり・むちゅう"は間違い。「無我夢中」（むが・むちゅう）で混同したか。

【む行＝娘　メイ＝鳴　銘】

娘 女 7

くのいちの　てんで良いのは　娘なり

[女][こ][娘][よ][むすめ]

……小野小町

【メイ＝鳴　銘　メツ＝滅　メン＝免　綿　モ＝茂　も行＝勹　儲】

鳴 口 11

口で鳥　サッと一八い　鳴き共鳴

[鳴][くち][とり][いっぱ][共][な][キョウメイ]

……燕の子

銘 金 6

金タロう　名のあるあめは　銘菓なり

(金太郎)[銘][な](飴)[メイカ]

……七五三

銘 金 6

金タロう　名がありわれは　感銘す

(金太郎)[銘][な](我)[カンメイ]

……合格発表

●「常用漢字音訓表」に「娘」（むすめ）は訓だけで音の「ジョウ」はない。娘はもと「嬢」の俗字だったが、日本では娘（むすめ）として、嬢をその敬称として用いている。

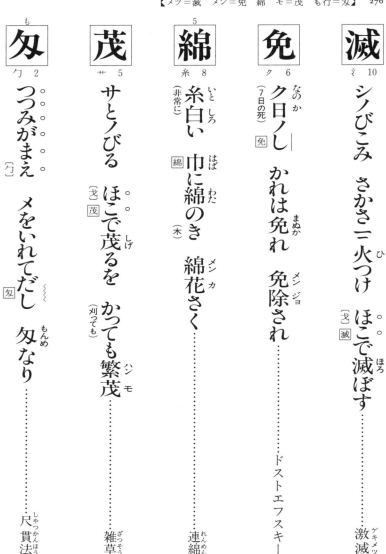

【モウ=妄 盲 耗 猛 網 モク=黙 モン=紋 悶】

儲 イ 16

信者から てんで儲ける 教祖様……お布施
[こ][儲]

妄 女 3

けいさんし
[土]
[女][妄]
おんなは信じ 妄信す……妄言多謝
ボウゲンタシャ

盲 目 3

けいさんし
[土]
[盲]
目が盲なり 盲目だ……拝金主義者
ハイキンシュギシャ

耗 耒 4

すきで毛
〈好き〉[耒]
[耗]
消耗弱り 耗弱す……腎虚
ショウモウよわ コウジャク ジンキョ

●「消耗」（ショウモウ）は国語辞典に「ショウコウの慣用読み」とある。漢和辞典にも「耗」（モウ）は「慣用の音」とあるが、慣用とは誤読と紙一重の関係にあると考えてよい。

【モウ＝猛 網　モク＝黙　モン＝紋 悶】

猛 〈犭〉8

けものの子
[猛] 皿に進んで　猛り猛進（モウシン）
……猛者（もさ）

網 〈糸〉8

糸まきを（㊀）
ソーけいさん（㊁）
[網] して網魚網（あみギョモウ）
……一網打尽（いちモウだジン）

黙 〈灬〉11

里の犬（㊁）
れっかにほえて（㊂）
[黙] 黙り沈黙（だまりチンモク）
……伊賀の里（いがのさと）

紋 〈糸〉4

糸けいさん（㊀）
[紋] ㋨の紋様（モンヨウ）は
葵菊（あおいきく）
……徳川家・天皇家（とくがわけ・てんのうけ）

悶 〈心〉8 （外）

門のなか（もん）
[悶] 心悶えて（こころもだえて）　絶え悶絶（たえモンゼツ）
……Gスポット（ジースポット）

● 「猛者」（もさ）は熟語の意味に合わせて、日本語の訓をあてた「熟字訓」。「寄席」（よせ）は漢字の意味に関係なく、その音（おと）だけを借りた「当て字」である。

【ヤク＝厄 役 訳 薬】

厄
厂 2
(癌)[厄]
[巳][厄]
がんにフし。ひと＝厄介（にゃかい）　かける厄年（ヤクドシ）……三十三歳（さんじゅうさんさい）・四十二歳（よんじゅうにさい）
[人][介]

役
イ 4
3
ノイとくれ　るまたをもって　兵役（ヘイエキ）だ
[殳][役]
……役割（ヤクワリ）

訳
言 4
6
言う（い）コノ人（ひと）　いい訳（わけ）うまい　訳者（ヤクシャ）なり
[訳]
……原稿〆切（げんこうしめきり）

薬
艹 13
3
さん白（しろ）ン―く木（き）の薬（くすり）の　薬剤（ヤクザイ）だ
(サンシロン)
[茎][薬]
……パンシロン

●「厄年」とは「陰陽道」（おんようどう）で、災難に気をつけなければならない年齢。女性33歳、男性42歳。厄年――「33（さんざん）な　めにあいからだ　42（死に）たいだ」。

【ヤク＝躍　ユ＝愉　諭　輸】

躍 ［足］14

口止めて ヨクヨクとりは 躍り跳躍
くち と　　　　　　　　　　　　　　　　おど　チョウヤク
〔隹〕躍
……躍動美
やくどうび

【ユ＝愉　諭　輸　癒　ユイ＝唯】

愉 ［忄］9

ぼうハひと 一月＝さし はね愉快
〔坊〕〔亻〕　ひとつきに　　　　ユカイ
〔一突き〕〔丁〕愉
……フェンシング

諭 ［言］9

言でひと 一月リ諭し 説き説諭
げん　　　いちがつ さと　　　と セツ ユ
〔亻〕〔諭〕
……教諭
きょうゆ

輸 ［車］9

一日十 ひと 一月リ 出し輸出
いちにちとう　　　ひとつきに　　だ ユ シュツ
〔亻〕〔輸〕
……貿易商
ぼうえきしょう

● 「おどる」の同訓異字は「躍」（ヤク）と「踊」（ヨウ）で、ともに〔足〕（あしへん）。「躍」はとんだりはねたりする（小躍り）、「踊」はリズムに合わせ体を動かす（盆踊り）。

【ユ＝癒　ユイ＝唯　ユウ＝勇　幽】

癒 疒 13
やまいひと 一月日さし 心癒え
〔亠〕〔人〕（一突き）
〔癒〕
……快癒

唯 口 8
口でとり 唯一いうは 唯唯諾諾
〔隹〕〔唯〕
……九官鳥

【ユウ＝勇 幽悠猶遊裕雄誘憂融優】

勇 力 7
マ田力 男勇んで 勇気あり
〔又〕〔勇〕
……棒倒

幽 幺 6
たてにクム くムうけばこに 閉じ幽閉
〔｜〕〔口〕〔幽〕
……護良親王

● 「唯一」は「ただひとつ」で「ただ」は「唯」の訓でもあるが、哲学用語に「唯物論」「唯心論」がある。「ただ」物の存在が世界なのか、「ただ」精神が世界の本体なのか？

【ユウ＝悠 猶 遊 裕 雄】

悠 心7
イい1り ぼくの心は
[攵][悠]
悠悠自適（ユウユウジテキ）……独身貴族（どくしんきぞく）

猶 犭9
けものなり
[犭][猶]
ソ一は西二 猶予（ユウヨ）なし……監獄（かんごく）おくり

遊 辶9
方ぼうの イい子しんにゅう
[辶][遊]
遊（あそ）んで遊戯（ユウギ）……広場（ひろば）

裕 ネ7
ころもへん
[ネ][裕]
谷（たに）まのみえる 裕福（ユウフク）ドレス……鹿鳴館（ろくめいかん）

雄 隹4
ナムさんと とりは雄（おす）なり
(南無三)[隹][雄]
雄々しい雄姿（ユウシ）……落下傘部隊（らっかさんぶたい）

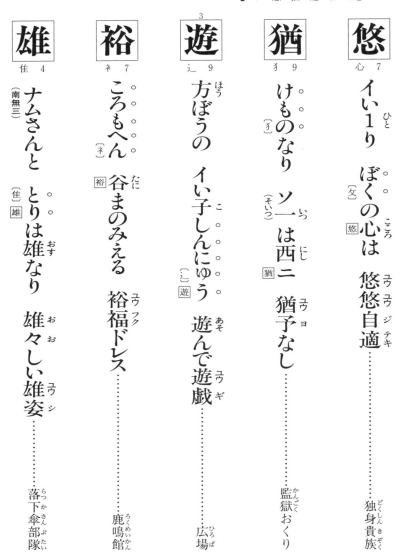

●「鹿鳴館」は1832（明16）年にイギリス人コンドルの設計により、東京内幸町に建てられた洋風建築。外国貴賓の接待と上流社会の社交を目的とした舞踏会が毎夜開かれた。

283 【ユウ＝誘 憂 融 優】

誘 言 7
言う「のぎノ 〔禾〕
[誘] 3！」と誘って 誘拐す……誘導尋問

憂 夂 12
一つノ目 ワタしの心 クタびれた……憂い、憂い憂慮

融 鬲 6
一ロいろと（いろいろ）
ワルするTは〔口〕
かねの虫〔金〕[融]……金融業

優 イ 15
イいあたま〔頁〕
ワたしの心 クタびれた〔夂〕[優]……優柔不断

優しくて 優れて秀で 優秀だ……日本男児

●部首〔鬲〕（かくへん）は鼎（かなえ）の一種で3本足の釜。「融」は釜と釜から煮立つ湯気の音「虫」（チュウ、ユウは転音）の形声文字。——「融解し かねを融通 金融業……融和」。

【ヨ＝与 誉 預 ヨウ＝幼 妖 庸 癢 揚 揺 陽 溶 腰 踊
窯 擁 謡 曜 ヨク＝抑 翼】

与 （一・2）

5 [与] 一 ごじゅういち

与えられれば 与党（ヨトウ）なり……野党（やとう）

誉 （言・6）

（通）[誉] ツ・ハ言（い）う 「北の誉（ほま）れ」（日本酒）は わが名誉（メイヨ）……道産子（どさんこ）

預 （頁・4）

[頁][預] 予（よ）はあたま 金（きん）を預（あず）けて 預金（ヨキン）する……目標（もくひょう）三〇〇〇万（まん）

幼 （幺・2）

[幼] —くム力（ちから） おさな
幼（おさな）いものは 幼稚（ヨウチ）なり……構想力（こうそうりょく）

● 「与党」とは議会政治において政権を担当・支持している政党。「ソレハ」必ずしも、単独政党である必要はない。いくつかの政党が「与」（くみ）し、仲間になればよい。

285 【ヨウ＝妖 庸 痒 揚 揺】

妖 [女]4
くのいち ・・・
[女] 一人豊かな
[艶] 色妖艶
……
妖しい年増芸者

庸 [广]8 外
けいさんノ ・・・
[一][庸] ヨい月がでて
中中庸
……
商売

痒 [疒]6
やまいなり ・・
[疒] 羊は痒く
搔き搔痒
……
蚤の

揚 [扌]9
十一日 一つ勿ろん
[揚] 揚げ掲揚
……
建国記念日

揺 [扌]9
てにノッて。
[揺] 二山揺れて
動き動揺
……
Dカップ

●1966（昭41）年に制定された「建国記念の日」（2月11日）に揚げられるのは日の丸。この日は戦前の紀元節（神武天皇即位の日）にあたるので、制定には強い反対運動があった。

【ヨウ＝陽 溶 腰 踊 窯】

陽 ⻖ 9 (3 1)
・さんぴんは 日に一どする 勿ろん陽気……立ちション

溶 氵 10
・みずウまく 谷を溶かして 溶解す……渓谷美

腰 月 9
にくづきの 要の腰が 痛み腰痛……運動不足

踊 ⻊ 7
口止めて マン月でたら 踊るは舞踊……インディアン

窯 穴 10
穴ソ一 土をれっかに やく窯業……窯

●「とける」の同訓異字は常用漢字では「溶・解」。「溶」は「その中にまざる」意味で、砂糖が水に溶ける。「解」は「ものごとが離れる」意味で、紐が解ける、任を解かれる。

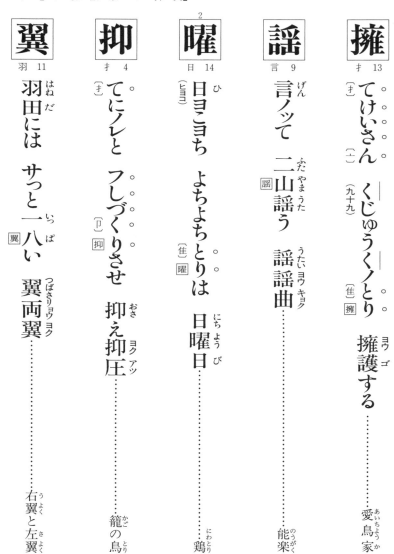

【ラ＝裸 羅 ライ＝雷 頼】

ラ

【ラ＝裸 羅 ライ＝雷 頼】

裸 〔ネ〕8
ころも日に〔ネ〕木にかけ　裸（はだか）体（からだ）は裸体（ラタイ）……川遊び（かわあそび）

羅 〔罒〕14
目（め）を糸（いと）に〔隹〕とり森（もり）をみる　森羅万象（シンラバンショウ）……フクロウ

雷 〔雨〕5
雨（あめ）が田（た）に〔雷〕「田（でん）！」と雷（かみなり）　雷雨（ライウ）なり……稲妻（いなづま）

頼 〔頁〕7
一口（ひとくち）に　束（たば）ねるあたま〔頁〕〔頼〕　頼（たよ）り信頼（シンライ）……頼（たの）もしい

●「稲妻」はもと「稲夫」と書き「稲の夫（つま）」の意味。古代の農民は稲を女性と考え、電光の多い年は豊作であるところから、電光（稲の夫）が稲をはらませると考えた。

【ラク＝落　絡　酪　ラツ＝辣　ラン＝乱　覧　濫　欄】

落 艹 9

「サシタロー！」(刺したーろ！)〔落〕 どこまで落ちて 堕落(ダラク)する……ヒモ

絡 糸 6

糸(いと) 各(おのおの)(意図)〔絡〕 絡(から)み連なる 連絡網(レンラクモウ)……派閥(はばつ)

酪 酉 6

ひよみのとり〔酉〕 各(おのおの)でかう〔酪〕 酪農家(ラクノウカ)……放牧農場(ほうぼくのうじょう)

辣 辛 7

立(た)つナらば 束(たば)で立(た)ちな〔辣〕 十(と)〔辛〕 辛辣(シンラツ)に……辣腕家(らつわんか)

●部首「とり」に３つある。〔鳥〕〔隹〕(ふるとり)〔酉〕(ひよみのとり)。酉は「日読みの酉」と書き、十二支(暦)に用いる「とり」のことである。「さけづくり」ともいう。

【ラン＝乱 覧 濫 欄】

乱 乙 6
舌でして—
[乱]はねて乱れて 狂い狂乱
……テクニシャン

覧 見 10
臣ノミん(任) 目で見て回し 回覧す
……一覧表

濫 氵 15
みず(氵)を臣ノ皿にひき(野に)[濫](更に) みず氾濫
……水攻め

欄 木 16
木(き)の門(もん)は東(ひがし)の外(そと)の欄外だ
……欄干(らんかん)

【リ＝吏 里 狸 痢 裏 履 罹 離 リク＝戮】

● 「単刀直入」は「ズバリ本題に入ること」だが、「一刀」で敵陣へ切り込むのか、「単身」刀で切り込むのか。しかし、手にするのは"短い刀"でなく"短刀直入"は誤りである。

【リ＝吏 里 狸 痢 裏】

吏 一・5
一口で ノべる人なり（述べる）[吏] よい官吏(カンリ)……単刀直入(たんとうちょくにゅう)

里 里・0 (2)
日がでれば[一] 二里(にり)のみちゆき[里] 里(さと)がえり……ねえや

狸 犭・7 (外)
けものなり[犭] 日がのび里(さと)に[狸] 狸(たぬき)でる……孤狸妖怪(コリヨウカイ)

痢 疒・7
やまいな利(り)[疒] 下(くだ)るまっ赤(か)な[痢] 下痢(ゲリ)赤痢(セキリ)……血便(けつべん)

裏 衣・7 (6)
けいさんし[亠] 甲二衣(こうころも)の[裏] 裏表(うらおもて)……表裏一体(ヒョウリイッタイ)

●正字「裏」の俗字に「裡」がある。小説などに「闇闇裡」（あんあんり）とみかけるが、裏も裡もともに衣と里からなる。訓読みでは裏は「うら」、裡は「うち」と使いわける。

【リ=履 罹 離 リク=戮】 292

履 〔尸 12〕
コノおう復（往復）[履]
履く履物は　草草履………弥次喜多

罹 〔外〕〔罒 11〕
目小さい〔罹〕
とりが罹って　罹病する………鳥目

離 〔外〕〔隹 11〕
けいさんし〔二〕
凶ならワたし　ムりにとり。〔罹〕〔離〕………借金取り

離れ合い　集まり散るは　離合集散
リゴウシュウサン………一家離散

戮 〔戈 11〕
羽むしり〔人〕
ひとがさんざん〔彡〕
ほこで殺戮〔戈〕〔戮〕
サツリク………駝鳥

● 「川柳」とは「柄井川柳」（1718〜90、江戸中期の前句付点者）の名前からとられたもの。五・七・五の17文字で「洒落・くすぐり・風刺」を特色とする季語を含まない短詩。

【リュウ＝柳 竜 隆 粒 硫　リョ＝旅 虜 慮】

柳 木5

木に「ノレ！」と ノビフしづくり
［已］［柳］
柳にカエル……川柳（センリュウ）

竜 竜0

立つ音が
［竜］
したら竜まき 竜のよう……ハリケーン

隆 阝8
（31）［阝］

・・・
さんぴんは
［冬］
クタびれないで
［隆］
生きる隆隆（リュウリュウ）……生命力（せいめいりょく）

粒 米5

米が立つ
［粒］
粒粒（つぶつぶ）をたく 粒粒辛苦（リュウリュウシンク）……釜飯（かまめし）「春（はる）」

●「竜」の旧字体は「龍」。表外字に「籠」（かご）があり、「籠絡」（ろうらく）はよくみる熟語。龍──「立つにくづき　5じラ（ゴジラ）のように　龍（リュウ）は龍（たつ）」。

【リュウ＝硫　リョ＝旅　虜　慮】

硫　石 7
〔硫〕
石流(ながれ)す　硫酸(リュウサン)黄(き)いろ　硫黄(いおう)なり
……箱根地獄谷(はこねじごくだに)

旅　方 6
(方位)
方(ほう)イかえ　イくひとり旅(たび)　旅情(リョジョウ)あり
〔旅〕
……自由気儘(じゆうきまま)

虜　虍 7
〔虍〕
トらを田(た)で　力(ちから)で男(おとこ)　捕(と)らえ捕虜(ホリョ)
〔虜〕
……加藤清正(かとうきよまさ)

慮　心 11
〔虍〕〔寅〕
トらが田(た)で　心(こころ)で思(おも)い　考慮中(コウリョチュウ)
〔慮〕
……行(ゆ)き先(さき)

【リョウ＝了　涼　猟　陵　梁　僚　漁　領　寮　療　瞭　糧】

●部首〔虍〕(とらかんむり)は「虎」(とら)の頭を書いた象形文字。「とら(虍)ノし〔儿〕で　けがわ(毛皮)とらんと　虎視眈眈(コシタンタン)……虎は死して皮を留む」。

【リョウ＝了 涼 猟 陵 梁】

了 （了0）
子にできず
解り了解 リョウカイ
了承す リョウショウ
⋯⋯中絶 ちゅうぜつ

涼 （氵8）
みずのある（氵）
京は涼しく きょう すず
風涼風 かぜ リョウフウ
⋯⋯賀茂川縁 かもがわべり

猟 （犭8）
けものッて（犭）
かぜキをつける（几）〔猟〕（気をつける）
猟師しる リョウシ
⋯⋯猟奇趣味 りょうきしゅみ

陵 （阝8）
こざとあり〔阝〕
土ハターくさん つち
陵陵墓 みささぎリョウボ
⋯⋯陵辱 りょうじょく

梁 （木7）
シ刀く かたな（仕方なく）
てんてんと木の〔氵〕〔こ〕〔梁〕
梁をはる はり
⋯⋯棟梁 トウリョウ

● 「とらを田で　力で男　捕えら捕虜」の男は「加藤清正（1562〜1611）通称は虎之助」。
「とらが田で　心で思い　考慮中」のとらは、フーテンの寅さんこと「渥美清」が登場。

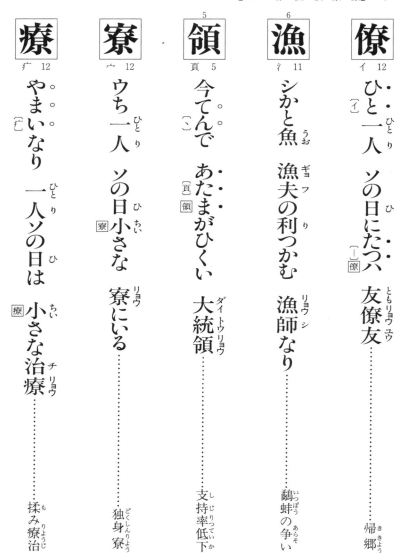

【リョウ＝瞭 糧　リン＝厘 倫】

【リン＝厘 倫 鈴 隣 臨】

瞭
目 12

目大きく ソの日小さな もの瞭然（リョウゼン）

［瞭］ ……一目瞭然（いちもくりょうぜん）

糧
米 12

米（こめ）を日（ひ）に 一日里（いちにちさと）で ほせば糧（かて）

［糧］ ……兵糧米（ヒョウロウマイ）・食糧（ショクリョウ）

厘
厂 7

がんだれの 日（ひ）がさす甲（こう）二里（さと）がある

［厘］ ……九分九厘（くぶくリン）

倫
イ 8

イいひとは 一冊（いっさつ）でない 倫理（リンリ）の本（ほん）

［倫］ ……イマヌエル・カント

●「倫理学」は ethics を井上哲次郎が、「論理学」は logic を菊池大麓が明治初期に翻訳する。Immanuel Kant（1724〜1804）を"イマヌレル・カント"と誤読してはならない。

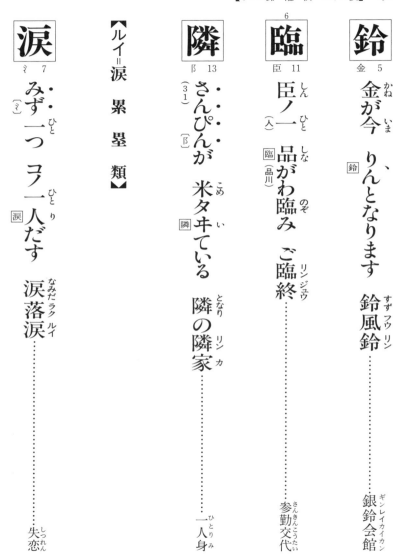

299 【ルイ＝累 塁 類 レイ＝励】

累 (糸5)
田を糸で 計ってしらべ 累計す
…太閤検地

塁 (田7)
田ンぼくさ (草) 土をならして 一塁二塁
…草野球

類 (頁9)
ソの米は 大きなあたま (頁)(類) インディカ類
…類推

【レイ＝励 戻 零 霊 隷 齢 麗】

励 (力5)
[亡](ガンマン) がん万が 力んで励み 励行す
…射撃練習

●「太閤検地」とは豊臣秀吉（1536〜1598）が82年以降、一定の基準を設けて全国的に行った「耕地面積、収穫高、耕作人」などの調査。88年には「刀狩り」も徹底的に行った。

【レイ＝戻 零 霊 隷 齢】 300

戻
戸 3
戸に一人 [戻]戻って返し 返戻す〔シレイ〕
…律儀者〔りちぎもの〕

零
雨 5
雨で今 [こ]〔零〕てんで下がって 零下なり〔レイカ〕
…零戦〔ぜろせん〕

霊
雨 7
雨ニたつ〰〰〰 ソ一はみ霊〔たま〕[霊]〔御霊〕 霊怨霊〔レイオンリョウ〕
…菅原道真〔すがわらみちざね〕

隷
隶 8
さむらいニ 小さく示す〔士〕 れい奴隷〔ドレイ〕[隶]〔隷〕
…土下座〔どげざ〕

齢
歯 5
歯が今は [こ]〔齢〕てんで老いたり 老齢に〔ロウレイ〕
…目歯魔羅足〔めはまらあし〕

● 「霊」のリョウは呉音、レイは漢音。唐音も含めて——「ご（呉）おんのね　かーん（漢）とひびく　とう（唐）くから」。呉音は5世紀、唐音は10世紀、漢音はその間に伝わる。

【レイ＝麗　レキ＝暦　レツ＝列　劣】

麗 鹿 8
- 一いワてん。 [日] [こ]
- 一いワてん。 [日] [こ] 鹿麗しく……綺麗なり

【レキ＝暦　レツ＝列　劣　烈　裂　レン＝恋　廉　練　錬】

暦 日 10
- ・がけのした [こ]
- 林の日びは [暦]（年輪）暦なり……還暦

列 刂 4
- 一タずらリ [列] 列をつくって 整列す……軍隊

劣 力 4
- 小さいノ [劣] 力も劣り 劣等感……息子

●「還暦」は生まれた干支になる満60歳。古稀（こき）70歳、喜寿（きじゅ）77歳、傘寿（さんじゅ）80歳、米寿（べいじゅ）88歳、卒寿（そつじゅ）90歳。白寿（はくじゅ）99歳。

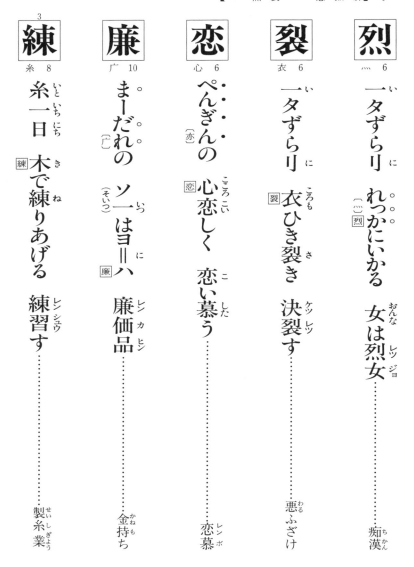

● 「廉価」の反対は「高価」。「廉」の訓は「常用漢字音訓表」にはないが「かど」。意味は①理由、違反の廉（かど）で逮捕される。②ひときわ、一廉（ひとかど）の人物だ。

【レン＝錬 ロ＝炉 賂 路】

錬 金8（銅貨）
金一日 木で錬りあげる 錬金術……中世ヨーロッパ

【ロ＝炉 賂 路 露】

炉 火4
火が一つ コノ暖かさ 暖炉なり……炉辺談話

賂 貝6
目八各じ 目八有がたく 賄賂とる……役人

路 足6
口止めて 各いえ路 道路いく……サラリーマン

●「錬金術」とは卑金属（鉄・銅・鉛）を貴金属（金・青・白金）に変えようとした近代直前までの化学技術。失敗に終わるが、その知識や技術は近代化学発展の基となった。

【ロ＝露　ロウ＝弄　郎　浪】 304

【ロウ＝弄　郎　浪　朗　狼　廊　楼　漏】

露（雨 13）
雨の路　露にぬれてる　店露店……披露宴
（あめのみち　つゆにぬれてる　みせロテン……ヒロウエン）

弄（王 3）
王サまは　弄ぶさく　弄し翻弄……ハーレム
（おうサまは　もてあそぶさく　ロウしホンロウ）

郎（阝 6）
てんでヨレ　てんでさんぴん　野郎なり……一族郎等
（こ　こ　３１　阝郎　ヤロウ　いちぞくろうどう）

浪（氵 7）
シかたなく　良いさむらいが　浪士なり……赤穂浪士
（仕方なく　よいさむらいが　ロウシなり　あこうろうし）

●「露」は機能度の高い（熟語数の多い）漢字。①つゆ、露命。②のみもの、甘露。③あらわす、露骨・暴露。④露西亜（ロシアの略）等々、「露（つゆ）知らず」ではすまされない。

【ロウ＝朗 狼 廊 楼 漏】

朗 月 6
てんでヨレ
[こ]
てんでにくつき
[月][朗]
朗らか明朗
……少女

狼 犭 7 (野)
ノにけもの
[犭]
[狼]
良い狼の 目ハ狼狼
……グリム童話

廊 广 9
ま—だれか
[广]
や郎が下の
[廊]
廊下ゆく
……温泉旅館

楼 木 9
木で米を
[楼]
女は高く 高楼に
……楼蘭

漏 氵 11
みずがコノ
[氵]
一雨で漏り 漏水す
……老朽マンション

●1702（元禄15）年、吉良邸を襲い主君の仇をうつ「赤穂浪士」の「浪花節」的生き方は『忠臣蔵』として今も日本人の「浪漫」（フランス語 roman の当て字）をかきたてている。

【ワ=話　わ行=枠　鰐　ワイ=歪】

ワ

【ワ=話　わ行=枠　鰐　ワイ=歪　猥　賄　ワク=惑　ワン=湾　腕】

話
言6
言う舌で
[話] 話す話は　会話なり
……対話

枠
木4
木ノ十
[枠] 九十組んで　枠組みを
……工事現場

鰐
魚9
魚口　口三5まんと
[鰐] 鰐いれる
……爬虫類

歪
止5
不正して
[歪] 歪んで曲がり　歪曲す
……根性

● 「枠」は日本で作られた「国字」。「鰐」は漢字だが「魚へん」の国字に、鯱（しゃち）、鯰（なまず）、鰯（いわし）、鱈（たら）、鱵（さより）、鱚（きす）など70字くらいある。

【ワイ＝猥 賄 ワク＝惑 ワン＝湾 腕】

猥 (外) 犭9
ノけものに (除け者に)
田一(たいち)―くちゃー (名前) 猥(ワイザツ)雑で (レクチャー)
……ミッションスクール

賄 貝6
目(め)八有(あ)るぞ (芽) 各(かく)じ賄(まかな)い (各自) 賄賂(ワイロ)だせ (略)
……本社(ほんしゃ)命令(めいれい)

惑 心8
一(い)ロ一ろな (いろいろ) ほに心(こころ)は (弋) 惑(まど)い困惑(コンワク) (惑)
……収(しゅう)集(しゅう)家(か)

湾 氵9
みずべにて (氵) ぺんぎん弓(ゆみ)に (亦) 曲(ま)がり湾曲(ワンキョク) (湾)
……南(なん)極(きょく)

腕 月8
にくづきを (月) ウタせるフして (亦) 腕(うで)腕力(ワンリョク)で (腕)
……ジャイアント馬(ば)場(ば)

●「誘惑は 迷惑なりと われ不惑……孔子」。不惑は『論語』に「四十にして惑わず」とあり、40歳の異称。15歳は志学、30歳は而立、50歳は知命、60歳は耳順、70歳は従心。

【アン＝闇　イ＝萎　彙　縊】308

【追加＝闇　萎　彙　縊　淫　怨　俺　蓋　楽　顎　姦　毀　幾　嗅　
錦　詣　乞　痕　恣　挚　炙　羞　蹴　虱　聖　脊　姦　毀　
箋　涎　遡　窓　遜　戴　綻　緻　膣　填　妬　禿　戚　羨　箋　
剥　釜　蔽　璧　頬　貌　睦　勃　冥　喩　侶　籠　鹿　麓　倭　伎　嗅】

闇	萎	彙	縊
門9	艸8	彑10	糸10

闇　門のなか
　　立つ日音なき
〔闇〕　闇夜なり
………
闇雲 アンウン

萎　くさとのぎ
　　くのいち萎えて
〔廿〕〔禾〕〔女〕〔萎〕
萎縮する イシュク
………
農作業 のうさぎょう

彙　くユらせて
〔彑〕〔⺌〕〔彙〕
ワたしは果てる
語彙のなか ゴイ
………
言語学者 げんごがくしゃ

縊　糸ハ一ハい いっぱい
〔更〕〔縊〕
皿に縊れて さら くび
死んで縊死 し イシ
………
隘路・脳溢血 あいろ のういっけつ

●2010年に「常用漢字」(1945字) は、196字追加、5文字が削除され2136字となった。
削除された「勺・錘・銑・脹・匁」の文字は「人名用漢字」に、そのまま登録された。

309 【イン＝淫　エン＝怨　お行＝俺　ガイ＝蓋　ガク＝楽】

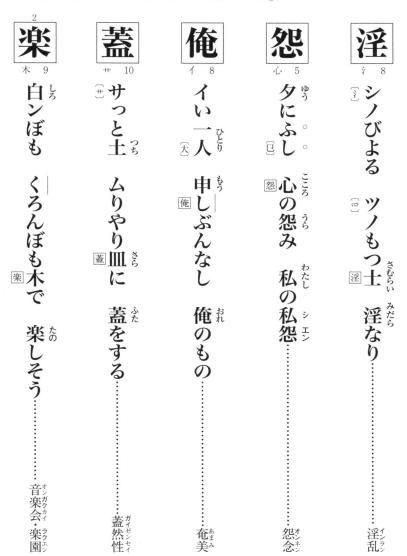

淫　氵8　[彡]　シノびよる　ツノもつ士[淫]　淫(みだら)なり……淫乱(インラン)

怨　心5　[巳]　夕にふし。[怨]　心の怨み　私(わたし)の私怨(シエン)……怨念(オンネン)

俺　イ8　[大]　イい一人(ひとり)　申(もう)しぶんなし[俺]　俺(おれ)のもの……奄美(あまみ)

蓋　艹10　[廿]　サっと土(つち)　ムりやり皿(さら)に[蓋]　蓋(ふた)をする……蓋然性(ガイゼンセイ)

楽[2]　木9　白(しろ)ンぼも　くろんぼも木(き)で[楽]　楽(たの)しそう……音楽会(オンガクカイ)・楽園(ラクエン)

● 追加された196字を❶〜❸で掲載する。ゴシックは今回見出し漢字か、本文中に追加したもの、あるいは1995年版で掲載ずみ。細明はこれから詠まれるのを待っている。

【ガク＝顎　カン＝姦　キ＝毀　畿　キュウ＝嗅】

顎 頁9
口口に 一万頁
顎顎骨
顎足つき

姦 女6 [外]
くのいちに 女と女 姦しい
姦通

毀 殳9
臼と土 るまたで毀し
毀損する
毀誉褒貶

畿 田10
くムくム一 田で戈する
畿内
近畿

嗅 口10
口つかい 自ら犬の におい嗅ぐ
嗅覚

❶挨曖宛嵐畏萎椅彙茨咽唄鬱怨媛艶旺岡臆俺苛牙瓦楷潰諧崖骸柿顎葛釜鎌韓玩伎亀毀畿臼嗅巾僅錦惧串窟熊詣稽隙桁拳鍵舷股虎錮勾梗喉乞傲駒頃痕沙挫采塞埼柵刹拶斬恣摯

【キン=錦 ケイ=詣 こ行=乞 コン=痕 シ=恣】

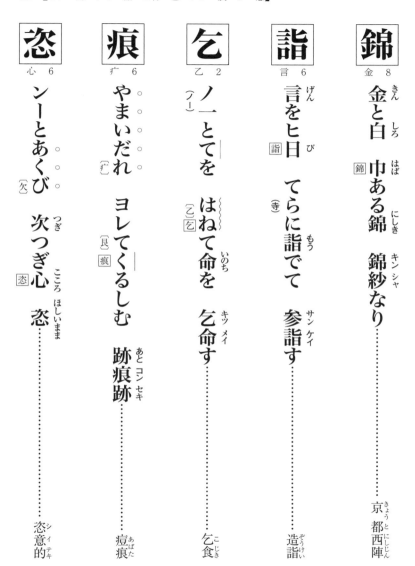

挚 (手 11)
幸(さいわ)いを 丸(まる)め手(て)にする 真(まこと)の真挚(シンシ)
〖挚〗→ 神士(しんし)

炙 (火 4) 〚外〛
にくづきを 火(か)えんで炙(あぶ)り バーベキュー
〖月〗〖炙〗→ 親炙(シンシャ)

羞 (羊 5)
ソの王(おう)は ノびた刀(かたな)ニ 羞恥心(シュウチシン)
〖羊〗〖羞〗→ 羞(は)じる

蹴 (足 12)
口(くち)を止(と)め 京(きょう)で犬蹴(いぬけ)り 一蹴(イッシュウ)す
〖足〗〖就〗〖蹴〗→ 蹴球(しゅうきゅう)

虱 (虫 2)
てではねる ノってる虫(むし)は 虱(しらみ)なり
〖手〗〖虱〗→ 蛆(うじ)・蚤(のみ)

❸訃薮餅璧蔑哺蜂貌頬睦勃昧枕蜜冥麺冶弥闇喩湧妖瘍沃拉辣藍璃慄侶瞭呂賂籠麓脇
媛──くのいち(女)の ツーかあの友(とも) 才媛(さいえん)だ…弟橘媛(おとたちばなひめ)。

6
聖
耳 7

耳(みみ)と口(くち)　すぐれた王(おう)は　聖(ひじり)の聖者(セイジャ)……聖徳太子(しょうとくたいし)

脊
月 6

(荷)ニノ二人(ふたり)　にくづきのいい　脊椎動物(セキツイドウブツ)……奴隷制度(どれいせいど)

戚
戈 7

がんだれに　上(うえ)に小(ちい)さく　ほこづくり……親戚(シンセキ)

羨
⺶ 7

ソの王(おう)は　シっかりあくび　羨(うらや)ましい……羨望(センボウ)

箋
竹 8

竹(たけ)のした　ほこにほこ付っけ　付箋(フセン)なり……便箋(びんせん)

潰——シ〔氵〕かたなく　中一(ちゅういち)貝(かい)を　潰(つぶ)し潰滅(かいめつ)。
鎌——金(かね)ソー(いつ)　ヨにでて＝ハか(俄)に　鎌(かま)となる……藤原鎌足。

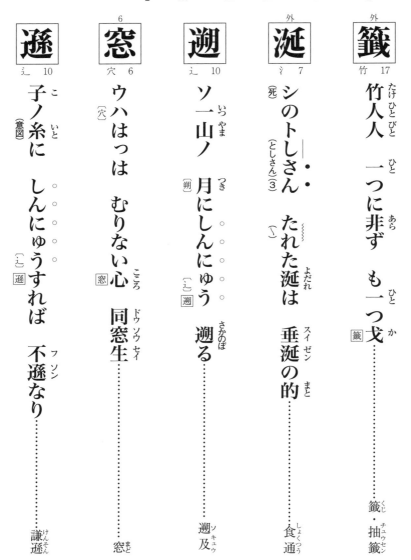

【タイ＝戴　タン＝綻　チ＝緻　チツ＝膣　テン＝塡】

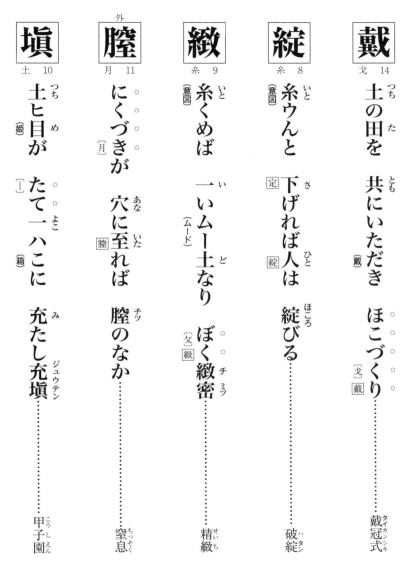

戴　戈 14
土の田を　共にいただき　ほこづくり〔戈〕〔戴〕……戴冠式（タイカンシキ）

綻　糸 8
（意図）糸ウんと〔定〕下げれば人は〔綻〕綻びる（ほころ）……破綻（ハタン）

緻　糸 9
（意図）糸くめば（いと）一いムー土なり（ムード）ぼく緻密（チミツ）〔父〕〔緻〕……精緻（せいち）

膣　月 11（外）
にくづきが〔月〕穴に至れば（あな）（いた）〔膣〕膣のなか（チツ）……窒息（ちっそく）

塡　土 10
土ヒ目が（つちめ）〔姫〕たて一ハこに（よこ）〔箱〕充たし充塡（み）（ジュウテン）……甲子園（こうしえん）

隙——こざとへん〔阝〕　小（ちい）さな日（ひ）なた　小（ちい）さな間隙（かんげき）。
窟——穴（あな）をコノ　山山（やまやま）にほり　洞（ほら）洞窟（どうくつ）。

【ト＝妬　トク＝禿　トン＝頓　と行＝丼　ネイ＝佞】

妬　女5
くのいちの〔女〕（意志）〔妬〕
石は妬いてる　嫉妬なり……妬み種

禿　禾2（外）
のぎノし〔禾〕〔死〕（飢）
うえ禿頭　禿頭に……禿居士

頓　頁4
ノ山しる（野）
あたまのよさは〔頁〕〔頓〕
頓智なり……一休

丼　ヽ5
よこたて＝〔一〕
てんでとじれば〔ヽ〕〔二〕〔丼〕
たまご丼……丼勘定

佞　イ5（外）
イニそうと（意）（添）
くのいちおもね〔女〕〔佞〕
佞言す……阿るおもね

尻──コノノびる　てで九つの　尻（しり）さわる……痴漢（張尻があうのだろうか）。
腎──臣（しん）は又（また）　にくづき〔月〕いため　腎臓病（じんぞうびょう）。

【ハク＝剝　フ＝釜　ヘイ＝蔽　ヘキ＝璧　ほ行＝頰】

剝　リ 8
—[互]
くユらせて　みずりっとうで〔氷〕〔リ〕〔剝〕剝離する……剝がす

釜　父 6
父うえニ〔￣〕たてつくソ一〔釜〕釜ゆでに……釜中の魚

蔽　艹 8
。〔艹〕くさハぼうぼう〔￣〕ワたしはぼくハ〔夂〕隠蔽す……蔽屋

璧　玉 13
〔戸〕コノ口に〔辛〕立って十ある〔璧〕玉は璧……璧玉

頰　頁 7
・・・よこぼうに〔二〕人人人の・・・あたまあり〔頁〕〔頰〕……頰

腺——にくづき〔月〕は　白（しろ）い水（みず）だす　腺病質（せんびょうしつ）。
膳——にくづき〔月〕は　羊（ひつじ）ソ一（いつ）を　口（くち）にする……食膳（しょくぜん）。

【ボウ＝貌　ボク＝睦　ボツ＝勃　メイ＝冥　ユ＝喩】

貌　豸 7

ノッている　むじなの白い　あし貌
〔豸〕〔ル〕しろ・かたち
全貌（ゼンボウ）

睦　目 8

目土がつき　ひとあし土っと　かるくなる
（目途）め・ど〔ル〕〔睦〕
和睦（ワボク）

勃　力 7

十ぶんに　ワタしのむす子　力あり
じゅう〔二〕こ・ちから〔勃〕
勃起（ボッキ）

冥　冖 8

ワが日びを　けいさんすれば　ハや冥土
〔冖〕ひ〔二〕〔土〕〔冥〕メイ・ド
冥利（ミョウリ）

喩　口 9

ロうにんが　一月でくく　くちにする
（浪人）〔人〕ひとつき〔九九〕〔喩〕
暗喩（アンユ）

捉——て〔扌〕と口（くち）ト　人（ひと）は捉（とら）えて　捕捉（ほそく）する。
貼——目（め）ハトロリ　貼（は）って付（つ）ければ　貼付（ちょうふ・てんぷ）なり。

319 【リョ＝侶　ロウ＝籠　ロク＝鹿　麓　ワ＝倭】

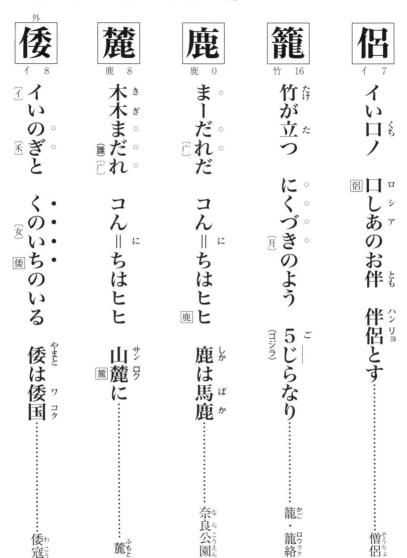

侶 イ7
イい口ノ
[侶]口しあのお伴　伴侶とす
ロシア　とも　ハンリョ
僧侶（そうりょ）

籠 竹16
竹が立つ　にくづきのよう　5じらなり
たけ　た　[月]　（ゴジラ）　ご
籠（かご）・籠絡（ロウラク）

鹿 鹿0
まーだれだ　コン＝ちはヒヒ　鹿は馬鹿
[亠]　[鹿]　しか　ばか
奈良公園（ならこうえん）

麓 鹿8
木木まだれ　コン＝ちはヒヒ　山麓に
きぎ　[誰][亠]　[麓]　サンロク
麓（ふもと）

倭 イ8
イいのぎと　くのいちのいる　倭は倭国
[イ][禾]　[女][倭]　やまと　ワコク
倭寇（わこう）

餃——しょくへん〔食〕を　けいさん〔亠〕父（ちち）は　子（こ）と餃子（ぎょうざ）。
拉——て〔扌〕でけいさん〔亠〕　ソー（いつ）ら立（た）たせ　むりに拉致（らち）。

あとがき

　三十代の初めころ、内田百閒先生の全国を疾駆した『阿房列車』を読む機会があった。その中に「甘木君」が時おり顔をだす。先輩の百閒ファンから、甘木君とは甘と木で「某」、つまり「某」氏のことであると教わり、漢字は漢字でできているのだと感心した。

　四十代の初めころ、夜の慰めに『誹風末摘花』を読むのが習慣になった。戦前には発禁処分を受けたこの古川柳の冒頭の句、「蛤は初手赤貝は夜中カなり」は忘れがたい。

　ある朝、起きぬけに「ころもぬぎ刀初めていれる初夜」という句が浮んだ。『末摘花』のどこにあるのか確かめておきたいと思い探したが見あたらない。

　書いてみると、「ころも」は衣が漢字の左側の偏になる時の「衤」（ころもへん）のこと、それに「刀」を加えれば「初」だ。句が「初」を詠ったものであることに気づいた。

　漢字を分解して「五七五」十七文字で詠えないか、と思ったのはその時だ。手当り次第に作ってみた。——「にくづきがソ一大きな朕である」「中一の貝にしんにゅう遺憾なり」「サっと目をワたしはとじて夢夢中」「ぼうハ母貝に慣らして習い習慣」……。

　『阿房列車』と『誹風末摘花』が出あったことになる。思わぬところで

漢字のひとつひとつを丁寧に分解し、筆順にしたがって五七五、十七文字の川柳としてまとめあげることに熱中していると、やがて僕が句を作っているのではなく、漢字が句をひねりだしているのではないか、という錯覚におそわれた。

最初は漢字をねじふせて句を作るような感じであったが、一〇〇〇字を超えたころには、いつしか漢字みずからが自らの句をつむぎ出した。表意文字の「意」が踊りだしたのである。

——全体の字数が一三五〇字ほどになったところでタイトルを『漢字川柳』として一九九五年に上梓することができた。それから二十余年が経ち品切れとなったが、ありがたいことに今でも書肆には注文が舞い込むという。

今回、意を決して、二〇一〇年に新しく常用漢字になったものを中心に七四字を句に詠み、「総画索引」をつけて刊行することにした。読者諸氏のあたたかい理解が得られれば幸いである。

二〇一七年十一月

長崎　あづま

総画索引

この索引は、見出し漢字と本文中に収録した漢字を総画数の順に配列し、その部首とページ数を示したものである。

【一画】
乙 17

【二画】
又 270　了 295

【三画】
丈 140　与 284　及 48　乞 262　亡 268　凡 149　刃 116　勺 116　己 39

【四画】
丹 188　午 76　升 131　屯 262　乏 156　互 23　井 141　介 23　冗 276　凶 21　刈 276　勾 241　匹 279　厄 170　双 170　孔 78　尺 116

【五画】
幻 72　弔 195　斗 208　斤 57　牛 49　丘 48　且 252　丙 50　巨 316　丼 163　仙 15　凹 218　凸 218　功 78　占 163　司 104　叱 111

召 131　右 8　囚 120　処 128　奴 210　尻 316　尼 220　巧 8　左 284　幼 255　弁 4　払 123　汁 233　犯 76　込 241　辻 123　必 159　斥 159　甲 79　札 99

【六画】
玄 73　甘 31　矛 274　立 82　吏 291　亥 79　交 23　会 39　企 56　仰 232　伏 249　光 79　充 123　刑 63　列 301　劣 301

旨 104　匠 132　危 46　吉 48　吸 52　叫 209　吐 170　壮 263　多 130　如 236　妃 180　妄 149　存 233　尽 233　帆 220　弐 263　忙 1　扱 1　汚 14

汗 31　江 79　芋 6　芝 109　巡 126　迅 150　旬 224　朽 48　朱 117　朴 267　考 80　缶 31　舟 121

【七画】
更 80　乱 290　亜 1

位 3　佐 92　伺 104　似 109　伸 145　但 181　佞 316　伯 229　伴 88　克 189　冶 130　助 210　努 299　励 47　即 177　卵 47　弟 185　含 38　吟 59

呉 77　吹 152　呈 201　坑 80　坂 233　坊 6　壱 221　妊 263　妨 263　妙 273　妖 285　孝 80　寿 119　尿 239　岐 40　床 132　廷 202　役 279

快 23　扱 1　抗 132　抄 185　択 224　把 232　抜 245　扶 287　抑 67　決 186　沢 199　沖 267　沈 199　没 267　狂 52　花 259　芳 259　迎 66　邦 259

防 263　忌 40　忍 221　忘 263　戒 24　戻 300　改 24　攻 81　肝 31　肖 151　杉 177　束 94　災 181　妥 304　弄 121　秀 316　禿 316　初 128　豆 151

【八画】
車 113　辛 145　里 291　乖 24　垂 221　乳 152　享 53　京 3　依 109　佳 53　侍 248　侮 252　併 60　具 60　刻 88　刷 100　刺 104

総画索引

宀		女			大		土		口	了	ク	ソ	又	ト	十	力	
宜	妬	姓	妾	始	妻	奔	奉	奇	坪	幸	味	呻	呪	承	免	並	叔	卓	卒	効	劾
44	316	156	133	105	94	268	259	96	40	200	81	272	146	119	132	276	252	124	186	179	81	26

扌 怀 怙 怪 彼 征 弦 延 岬 岳 屈 居 尚
抽 拓 拙 拘 拠 拒 拡 拐 押 拉 怖 怙 怪 彼 征 弦 延 岬 岳 屈 居 尚
194 186 161 81 50 50 27 24 15 319 245 3 24 236 157 73 12 272 29 62 50 133

阝 辶 艹 犭 氵
邪 迫 迭 茂 苗 茎 英 狙 泡 沸 泌 泊 泥 沼 況 泣 抹 抱 披 拍 拝 抵
115 229 206 276 242 63 9 168 260 250 237 229 205 133 53 49 271 260 237 229 225 202

木 月 月 日 戸 阝
枢 松 枝 肪 肥 肢 肴 肯 股 肩 育 服 昔 昇 昆 昏 易 放 房 附 阻 邸
155 133 105 264 237 105 82 81 74 68 6 249 160 133 89 89 3 260 245 168 202

斉 青 虫 虍 至 穴 目 ネ 爪 火 母 殳 止 欠
斉 青 虱 虎 到 突 盲 祉 祈 受 炉 炊 炙 炎 毒 殴 武 欧 枠 枚 杯 析
157 157 312 294 211 218 277 105 40 120 303 152 312 12 218 15 274 15 306 270 226 160

又 厂 卩 卜 十 力 刂 冖 亻 亠 【九画】 隶
叙 厘 卸 貞 卑 勇 勃 勅 剃 削 冠 侶 便 俗 促 侵 俊 侯 亭 【九画】 隷
130 297 15 203 237 281 318 198 202 98 32 319 255 179 177 146 126 82 202 184

彳 弓 幺 巾 山 尸 寸 子 女 大 土 口 夂
待 弧 幽 帝 帥 峠 峙 峡 屎 封 専 孤 姿 姦 姻 威 奏 契 垣 咲 哀 負
183 75 281 203 152 210 109 53 106 248 163 74 106 310 7 4 171 63 22 93 1 246

辶 艹 犭 氵 扌 忄
逆 茶 荘 荒 独 狩 狭 洞 染 浅 津 浄 洪 挑 拾 拶 拷 挟 括 恨 恒 悔
47 92 171 83 218 118 54 216 164 163 146 141 82 195 121 2 87 53 29 90 82 25

灬 比 止 木 月 日 方 心 阝 阝
為 皆 歪 柳 柄 査 枯 架 胞 胆 胎 胃 是 映 施 怒 怠 怨 限 郎 郊 逃
4 25 306 293 253 92 75 18 260 188 183 4 156 9 106 210 183 309 73 304 83 211

而 羊 糸 竹 穴 石 矛 目 皿 疒 甘 ネ 王 牛
耐 美 糾 竿 窃 砕 柔 矜 冒 眉 省 盾 看 盆 疫 某 甚 祖 祝 珍 牲 点
183 240 49 32 162 64 15 42 264 240 127 32 268 10 264 150 168 125 199 157 207

冖 亻 【一〇画】 香 首 食 車 走 言 虍 自
冥 冤 倭 倫 俸 傲 倍 倒 借 候 倹 俺 【一〇画】 香 首 食 軌 赴 訂 虐 臭
318 54 319 297 261 260 227 211 116 83 68 309 83 118 143 41 246 203 47 121

女 夂 土 口 ソ 十 匚 力 刂 冫
娘 娯 姫 夏 埋 哺 唐 哲 唇 唆 兼 真 匿 勉 剖 剥 剤 剛 剣 凍 凄 准
275 275 239 18 270 256 212 206 146 92 185 146 217 255 255 317 97 87 68 211 157 127

部首	字	番号
扌	捜	171
	振	147
	挨	2
忄	悩	223
	悟	77
	悦	11
彳	徒	209
	徐	131
	従	123
ヨ	帰	41
广	席	160
山	座	93
尸	峰	261
寸	員	242
	将	134
	射	114
宀	宵	134
	宰	94
	宴	12
子	孫	180
	娩	256
	娠	147

阝	除	131
	陥	32
辶	透	212
	途	209
	逓	203
	逐	192
	速	178
	逝	158
艹	華	19
	荷	19
犭	狼	305
	狸	291
氵	浪	304
	涙	298
	浦	257
	浮	246
	浜	243
	涎	314
	浸	147
	捕	256
	捉	318
	挿	171

	胴	216
	脊	313
	脂	106
月	骼	54
	朗	305
月	朕	199
日	朔	98
	時	107
旡	既	41
方	旅	294
攵	敏	244
	拳	69
手	挙	51
戸	扇	164
	恋	302
	息	178
	恣	311
	恵	63
心	恭	54
	恐	54
	陛	253
	陣	150

田	畝	155
	畔	234
氺	畜	192
王	泰	183
父	祥	134
灬	珠	118
	釜	317
歹	烈	302
	殉	127
	殊	118
	残	227
	梅	212
	桃	171
	桑	164
	栓	95
	桟	90
	栽	47
木	根	26
	核	273
	桜	223
	脈	
	能	

	紋	278
	紡	265
	粉	250
	納	223
	紐	194
糸	純	127
米	索	98
竹	粉	250
礻	粋	250
	笑	135
	被	238
	秘	238
禾	秩	192
	租	168
石	称	135
目	砲	261
	眠	273
	病	243
	疲	237
疒	疼	212
	症	134
	疾	111

竜	竜	293
鬼	鬼	41
食	飢	41
隹	隻	160
酉	配	226
辰	酌	116
車	辱	145
	軒	69
貝	財	95
言	貢	83
	託	186
衣	衷	194
	衰	153
	蚊	22
虫	蚕	101
舟	般	234
至	致	191
耳	恥	191
耒	耗	277
羽	翁	16

女	娼	135
大	婚	90
	爽	172
心	培	227
	執	112
土	堀	257
	基	42
口	唯	281
	唱	135
十	啓	64
力	喝	30
刂	率	180
	勘	33
	剰	141
	偏	254
	偵	203
亻	側	178
	偶	61
乙	偽	44
	乾	32

【一一画】

扌	掛	22
	悼	212
	惜	160
忄	惨	101
	惚	8
彳	得	125
彡	彫	53
	彩	90
ヨ	粛	64
弓	強	30
	庸	180
广	庶	33
巾	帳	141
	崩	254
	崇	203
山	崎	155
	崖	93
寸	尉	4
	密	273
宀	寂	117
	婦	246
	婆	225

氵	添	208
	淡	188
	渉	135
	淑	125
	渋	33
	混	90
	渓	64
	渇	30
	涯	26
	液	222
	淫	309
	描	243
	排	226
	掃	172
	措	169
	接	162
	捨	114
	採	95
	控	83
	掲	64
	掘	62
	据	151

攵	教	55
戈	救	49
心	戚	313
	悠	282
	患	33
	陵	295
	隆	293
	陪	228
	陶	213
	陳	199
	険	69
阝	陰	7
	郭	28
辶	逮	184
	逸	6
艹	菌	38
	菊	46
	菓	19
	猟	295
犭	猛	278
	猫	243
	涼	295

疒	痔	110
生	痕	311
瓦	産	101
王	瓶	245
牛	現	45
灬	牽	73
攵	焉	69
欠	殻	12
	欲	82
	梁	152
木	梱	220
月	脳	223
月	脱	187
日	脚	47
	望	265
	曹	172
	族	179
方	旋	164
斤	断	190
斗	斜	114
	敗	22
	赦	114

虍	虚	51
舟	舶	230
羊	羞	312
	累	299
	紳	147
糸	紹	126
	紫	91
	紺	41
米	粒	293
	粘	222
	粗	169
竹	符	248
	笛	205
	第	185
穴	窒	193
	窓	314
示	斎	96
	祭	91
目	眺	38
	眼	213
皿	盗	285
	痒	

亀	麻	鹿	魚	金	釆	酉		車		貝	豕		言		衣		虫
亀	麻	鹿	魚	釣	釈	酔	軟	転	斬	貧 販 貫	豚	訳 訟 許	訛	袋	蛇	蛍
314	269	319	51	196	117	153	220	208	103	244 234 219	33	219 279 136	51	19	184	115	64

口								口	ク	十		力		イ	人	土	【二画】
圏	喩	喪	喘	善	喉	喧	喫	喜	喚	象	博	募	勝	勤	傍	備	偉	傘	就
70	318	172	167	167	88	70	46	42	33	176	230	258	136	91	265	240	4	102	121

广	幺	巾	寸	宀						大	士							土
廃	幾	帽	幅	尊	尋	寒	媚	媒	婿	媛	奢	奥	壺	塀	塔	堤	塚	堕	場	堅	堪
226	42	265	249	180	150	34	240	228	158	312	114	16	201	253	213	204	200	182	141	70	33

氵												扌		忄			彳	弓	
渡	測	湿	滋	港	減	渦	温	揺	揚	搭	提	換	援	握	愉	惰	慌	循	御	弾	廊
209	178	112	110	84	73	19	17	285	13	213	204	34	13	2	280	182	84	127	52	190	305

攵	手	戸	心		阝				辶				艹			犭		
敢	掌	扉	雇	惑	悶	陽	隊	随	隅	遊	遍	遅	遂	遇	落	葬	萎	猥	猶	湾	湯
34	136	238	75	307	278	286	184	154	61	282	255	191	153	61	289	173	308	307	282	307	214

王	灬	歹	欠		木					月	日			日		
琴	焦	煮	殖	欺	款	棒	棚	棟	検	棋	棺	腕	脹	腎	替	普	晶	暑	暁	散	敬
58	137	115	143	44	34	266	181	214	70	42	34	307	196	316	184	247	136	129	56	102	64

言		衣	虫		糸	米	竹		衤		石	矢			疒	疋	田
詠	裂	装	裁	蛮	絡	絞	結	粧	筒	裕	補	硫	硝	硬	短	痢	痘	痛	疎	畳	畳
10	302	137	96	236	289	84	136	137	214	282	257	294	137	84	188	291	214	201	169	299	141

	頁	革	雨	隹	門	金	酉	車	足		走		費	貼	腕	貸	貴		貝		
	項	靭	雰	雄	閑	鈍	酢	軸	距	超	越	費	貼	腕	貸	貴	訴	診	詔	詐
	85	150	251	282	35	219	98	111	51	197	11	238	184	42	169	147	137	93

土				口	ヽ		力		イ					亻	十	【三画】
塗	填	塞	塑	塊	嘆	嗜	嗣	嗅	業	勢	勧	僧	催	債	傲	傑	傾	僅	棄
209	315	178	169	25	189	107	107	310	57	158	35	173	96	96	87	67	65	314	41

		扌		忄		彳	彑	广	干	巾	宀			女	大	夕	夂	
搬	損	搔	摂	搾	携	慎	慨	微	彙	廉	幹	幕	寝	寛	嫉	嫌	嫁	奨	夢	愛	墓
234	180	173	162	99	65	148	26	241	308	302	35	271	148	33	112	70	2	138	274	2	258

		心		阝		辶			艹	犭								氵	
愁	慈	愚	隙	隔	隘	遣	遠	違	蓄	蒸	猿	滝	溶	滅	漠	溺	滞	溝	漢	滑	溢
122	110	61	315	28	2	71	13	5	192	142	13	181	286	276	230	206	185	85	35	30	7

	目	疒	衤	犬	火		殳	止		木			月		日	攵
睦	督	睡	痴	禅	禍	献	煤	煙	殿	毀	歳	楼	楠	楽	腰	腸	腺	腫	暖	暇	数
318	217	153	191	167	70	77	228	13	208	310	96	305	182	286	197	317	118	190	20	155

言		角	衣	虍	舟	耳		羊	糸	竹		衤	穴	禾	石		罒	
詣	詰	該	触	裏	虜	虞	艇	聖	羨	群	義	継	節	裸	褐	窟	稚	碁	置	署	罪
311	46	26	144	291	294	14	204	313	313	62	45	65	162	288	30	315	191	77	169	129	97

	隹			金		酉	辛	車			足			貝					
雌	雅	鈴	鉢	鉄	鉛	酪	酬	辞	載	較	路	跳	践	跡	賄	賂	賊	話	誉	詳	誇
107	22	298	231	207	13	289	122	110	97	28	303	197	164	161	307	303	179	306	284	138	75

士		土	口	イ		【	鼠	鼓			頁	革	食		雨		
壽	墨	増	塾	鳴	僚	僕	【 四 画 】	鼠	鼓	預	頒	煩	頓	頌	頑	靴	飽	飾	零	雷
119	267	176	125	275	296	267		222	75	284	235	234	316	138	39	20	261	144	300	288

				氵			扌		忄	イ	彡	屮		宀	女	大
漏	漫	漂	滴	漱	漕	漸	漆	漬	漁	摘	慢	憎	慣	徴	彰	嘗	寧	察	寡	嫡	奪
305	271	242	205	173	167	112	200	296	205	271	176	38	197	138	138	227	100	20	193	187

罒	皿	疋	灬		木	月		日	方	心		阝					辶	艹	犭
罰	盡	疑	熊	模	構	概	膜	暦	暮	旗	慕	障	際	隠	適	遭	遮	遜	遡	蓋	獄
232	270	44	60	258	85	27	271	301	258	43	258	139	97	2	205	174	115	314	314	309	89

虫	肉	耳		糸						竹			立	穴		禾		石
蜜	腐	聡	練	網	綿	綻	総	緒	綱	維	箋	算	管	箇	端	窪	稲	穀	碑	碩	磁
273	247	174	302	276	315	174	129	85	5	313	102	36	21	189	60	314	248	238	215	161	110

頁	雨	隹	門		金			酉	辛	足	豸	豕			言					
領	需	雑	閥	銘	銑	銭	銃	銀	酷	酵	辣	踊	貌	豪	誘	認	説	誓	誌	誤	語
296	120	100	232	275	165	165	64	88	85	289	280	318	87	283	221	162	158	108	78	77

寸			攵	土			口		イ	ハ	【		鼻	鬼	髟		馬		
導	寮	審	憂	慶	墳	墜	噴	嘲	噂	嘱	儀	億	舖	【 五 画 】	鼻	魂	髪	駄	駆	駅
216	296	283	65	283	201	251	197	8	144	45	126	257			241	91	232	182	59	10

辶	艹		氵					扌			忄		イ	彡	廾	巾	尸	屮
遺	遷	蔵	蔑	澄	潜	潟	潤	潔	潰	撲	撤	撮	憤	憧	憔	徹	影	弊	幣	履	輝
5	165	176	254	198	165	22	128	68	313	267	207	100	251	216	139	207	10	253	253	292	43

	灬	欠	木		月		日	攵		手		戈	心			
黙	熱	熟	勲	歓	槽	膚	膣	膝	暴	暫	敷	敵	摩	摯	撃	戮	戯	慮	慰	選	遵
278	222	68	62	36	36	247	315	113	231	100	247	206	269	312	67	292	45	294	5	165	128

		糸		竹		穴		禾			罒	皿	疒	田
締	緻	線	縄	緊	緩	縁	範	箱	篋	窯	窮	穂	稿	稽	稼	罷	罵	盤	監	瘦	畿
204	315	166	142	58	36	14	235	224	148	286	49	154	86	66	21	239	225	236	36	174	310

門		金	車	足	走					貝					言		舛	衣	行
閲	鋳	鋭	輩	踏	趣	賦	賓	賠	賞	質	賜	賛	談	誕	諾	請	諸	謁	舞	褒	衝
11	194	10	227	215	149	247	244	28	228	113	108	102	141	189	187	158	129	11	248	262	139

									【一六画】							
忄	女	大		土	氵	イ				鬼	馬		食		雨	
憾	懐	憶	嬢	奮	壁	壇	壊	墾	壌	凝	儘	儒	魅	駐	餓	餌	餃	霊	震
37	25	17	142	251	254	190	142	91	25	57	270	120	272	195	23	9	319	300	148

月	日	攵		心	阝	辶		艹				艹	犭	氵	氵	氵	扌	
膨	膳	曇	整	憑	憩	隣	避	還	薬	薄	薦	薪	薫	蔽	蕩	獲	濃	濁	激	擁	操
266	317	219	159	242	65	298	239	37	279	230	166	149	62	317	215	28	223	187	67	287	175

車		足		貝		言				行				糸	竹	禾	石	罒	犬	灬	木
輸	踵	蹂	賭	賢	謡	諭	謀	諧	衡	縫	繁	縛	縊	緯	篤	穏	磨	罹	獣	燕	機
280	60	124	210	71	287	280	266	108	86	262	235	231	308	5	217	17	269	292	124	200	43

艹	氵	扌	ツ	口	イ		【一七画】	龍	鬲	頁	頁	食	隶		金				金
薔	濯	擦	擬	厳	嚇	優	償		龍	融	頼	頻	餐	隷	錬	錘	錠	錯	鋼	錦
225	186	100	45	74	29	283	140		293	283	288	318	103	300	303	154	142	99	86	311

		言	見	虫	耳	羽	糸	米	石	矢	目		疒	王	牛	爪	火	月	心
膳	謝	講	謙	謹	覧	螫	聴	翼	繊	糞	礁	矯	瞭	療	癌	環	犠	爵	燥	臆	懇
215	115	86	71	58	290	193	198	287	166	252	140	55	297	296	39	37	45	117	175	17	91

玉	日	戈	心	艹	氵	イ	【一八画】	歯	魚	頁	食	雨	門	金	酉	車	貝	
璧	曜	戴	懲	藩	繭	濫	儲		齢	鮮	鮨	頻	餡	霜	闇	鍛	醜	轄	購	謗
317	287	315	198	235	31	290	277		300	166	151	244	2	175	308	189	122	30	86	266

革	隹	門		金		貝	見	臣	襾	羽		糸	米	衤	穴	禾	石	目	疒	
鞭	難	闘	鎌	鎮	鎖	贈	贅	観	臨	覆	翻	繕	織	糧	襟	窺	穫	礎	瞬	癒	癖
256	220	215	313	199	93	177	159	37	298	249	268	167	144	297	58	103	29	170	126	281	254

雨	隹	足	言	襾	色	糸	竹	罒	玉	火	艹	氵	【一九画】		馬			頁	
霧	離	蹴	譜	覇	艶	繰	簿	羅	璽	爆	藻	瀬			騒	験	騎	類	顕	顎
274	292	312	248	66	224	14	60	259	288	111	231	175	156		175	42	299	72	310

魚	馬	音	食	金	酉		言	竹	立	木	心	艹	【二〇画】		鹿	鳥	魚	骨	音
鰐	騰	響	饅	鐘	醸	譲	護	議	籍	競	欄	懸	蘇			麓	麗	鶏	鯨	髄	韻
306	215	56	272	140	143	78	45	161	55	290	72	170			319	301	66	67	154	8

黒	金	竹	【二三画】	魚	馬	貝	衣	竹	【二二画】	鬼	頁	雨	足	貝	舟	木	氵	【二一画】
徽	鑑	籤		鰻	驚	贖	襲	籠		魔	顧	露	躍	贔	艦	櫻	灌	
228	38	314		8	56	144	122	319		269	76	304	280	242	38	74	37	

	【二九画】
鬯	
鬱	
9	

長崎あづま（ながさき・あづま）
一九四七年、東京生まれ。雑誌記者、のちに書籍の編集者。塾講師。

漢字川柳――五七五で漢字を詠む

二〇一七年一二月二〇日　初版印刷
二〇一七年一二月二五日　初版発行

著　者　長崎あづま

装幀　宗利淳一
振替口座　〇〇一六〇-一-一五五二六六
Web.http://www.ronso.co.jp/
TEL（〇三）三二六四-五二五四　FAX（〇三）三二六四-五二三二
東京都千代田区神田神保町2-23　北井ビル　〒一〇一-〇〇五一
発行所　論創社

印刷・製本　中央精版印刷㈱

ISBN 978-4-8460-1656-2
2017© NAGASAKI Azuma
落丁・乱丁はお取替え致します

論 創 社

五七五転ばぬ先の知恵ことば◉武藤芳照
転倒予防川柳 2011-15　傑作ぞろいの転倒予防川柳！ 10月10日は「転倒予防の日」。日本転倒予防学会による公募が始まった2011年から15年までの入賞作を一気に紹介。日本転倒予防学会監修。　　　　**本体1400円**

漢字漫画◉漢字漫画倶楽部／大竹誠編著
元字の漢字を軸にして四コママンガでアニメーションのように図像変容したら面白いだろう。デザイナーの卵たちが挑んだ281。漢字の『解体新書（ターヘル・アナトミア）』。例えば「鰐」「鷲」「笑」「龍」がどう変容するか。驚きの一冊　　**本体1200円**

胸に突き刺さる恋の句◉谷村鯛夢
久女が悩む、多佳子が笑う、信子が泣く、真砂女がしのぶ、平塚らいてうが挑発する、武原はんがささやく。明治以降百年の女性俳人たちが詠んだ恋愛の名句と、女性誌が果たした役割を読み解く。　　　　　　**本体2000円**

シルバージョーク◉烏賀陽正弘
笑う〈顔〉には福来る　〈高〉齢期を〈好〉齢期に変える処方箋。誰もが抱える悩みやストレスを笑いに変えて解消する！　世界各国で出会ったジョークから老化にまつわるジョークを厳選し紹介。　　　　**本体1500円**

誤植文学アンソロジー◉高橋輝次編
校正者のいる風景　一字の間違いが大きな違いとなる誤植の悲喜劇、活字に日夜翻弄される校正者の苦心と失敗。吉村昭、和田芳恵、上林暁らが奥深い言葉の世界に潜む《文学》の舞台裏を活写する。　　　**本体2000円**

生命の水◉J・W・アームストロング
奇跡の尿療法　世界中で実証されている尿療法。尿はただの排泄物ではなく、体内のすべての情報を持った「生きている水」である。尿療法の恩恵を受けた人の記録、カルテ、手紙で編集。寺田鴻訳。　　　**本体1500円**

いざとなったら尿を飲め◉ドクター・高橋
尿療法入門　自らも実践する飲尿体験を元に「尿を飲むことは健康法の最後の仕上げ」だとする著者が尿療法の〝体〟と〝心〟に齎す影響を語る。現役の医師による尿療法の勧め。　　　　　　　　　　　**本体1000円**

好評発売中